21世紀を生きる若い人たちへ

池上彰の現代史授業

池上 彰 監修・著

平成編①

昭和から平成へ

東西冷戦の終結

ミネルヴァ書房

はじめに

この本《ほん》のシリーズは、これより平成《へいせい》の時代《じだい》に入《はい》ります。昭和《しょうわ》の時代《じだい》の４巻《かん》に続《つづ》いて、平成《へいせい》の時代《じだい》の４巻《かん》です。

昭和《しょうわ》は、日本《にほん》が戦争《せんそう》をして敗北《はいぼく》した時代《じだい》。多《おお》くの人《ひと》の命《いのち》が失《うしな》われました。戦後《せんご》、世界《せかい》は「東西冷《とうざいれい》戦《せん》」という厳《きび》しい対立《たいりつ》を迎《むか》えましたが、日本《にほん》の人々《ひとびと》は、廃墟《はいきょ》の中《なか》から立《た》ち上《あ》がり、豊《ゆた》かで平和《へいわ》な日本《にほん》を築《きず》き上《あ》げてきました。

平成《へいせい》の時代《じだい》に入《はい》ると、東西冷戦《とうざいれいせん》は終《お》わりました。これで平和《へいわ》が来《く》ると多《おお》くの人《ひと》が期待《きたい》したのですが、そうはなりませんでした。

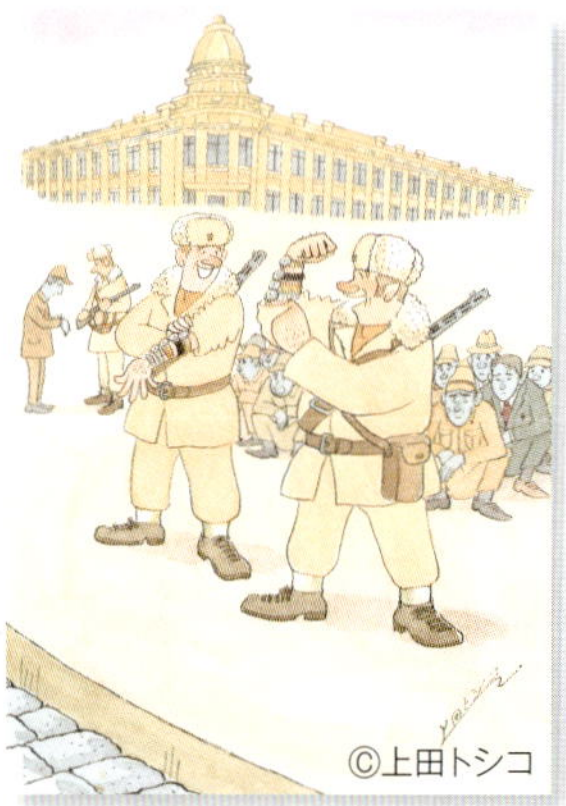
©上田トシコ

写真：Newscom/アフロ

イラクによるクウェート侵攻《しんこう》と、それに続《つづ》く湾《わん》岸《がん》戦争《せんそう》、ユーゴスラビアの内戦《ないせん》、アメリカ同時多《どうじた》発《はつ》テロと、それに対《たい》するアメリカのアフガニスタン攻撃《こうげき》と、戦争《せんそう》が続《つづ》きました。さらにアメリカは、イラクも攻撃《こうげき》します。

こうした世界情勢《せかいじょうせい》に、日本《にほん》も無縁《むえん》ではありません。自衛隊《じえいたい》のイラク派遣《はけん》は、国内《こくない》で大論争《だいろんそう》を巻《ま》き起《お》こしました。

その一方《いっぽう》、日本国内《にほんこくない》では政権交代《せいけんこうたい》が立《た》て続《つづ》けに起《お》きました。政治《せいじ》の混乱《こんらん》の中《なか》で、新《あたら》しい政治《せいじ》の姿《すがた》を求《もと》めた模索《もさく》が続《つづ》いているのです。

そんな日本《にほん》と世界《せかい》の様子《ようす》を、この本《ほん》で知《し》ってください。

ジャーナリスト　池上《いけがみ》 彰《あきら》

写真：AP/アフロ

この本《ほん》のつかい方《かた》

池上解説　池上彰《いけがみあきら》からのワンポイント解説《かいせつ》。本文《ほんぶん》の内容《ないよう》がよりよくわかります。

各《かく》パートごとのテーマを見出《みだ》しとしてあらわしています。

水色《みずいろ》の言葉《ことば》は、そのページの下《した》に説明《せつめい》があります。

ピンク色《いろ》の言葉《ことば》は、41 ページからの用語集《ようごしゅう》にくわしい説明《せつめい》があります。

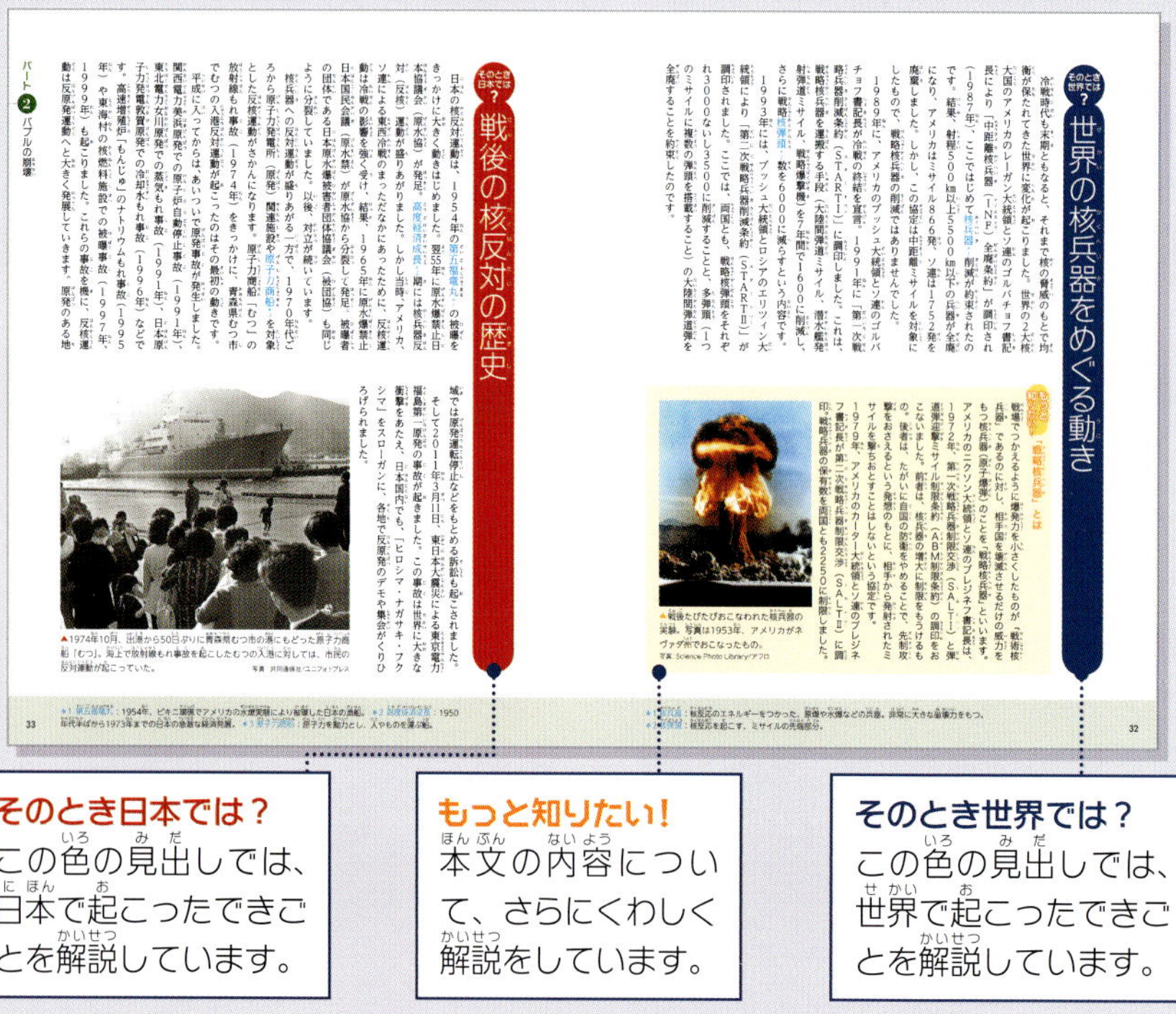

そのとき日本では？
この色《いろ》の見出《みだ》しでは、日本《にほん》で起《お》こったできごとを解説《かいせつ》しています。

もっと知りたい！
本文《ほんぶん》の内容《ないよう》について、さらにくわしく解説《かいせつ》をしています。

そのとき世界では？
この色《いろ》の見出《みだ》しでは、世界《せかい》で起《お》こったできごとを解説《かいせつ》しています。

もくじ

パート1 昭和《しょうわ》から平成《へいせい》へ

パート2 バブルの崩壊《ほうかい》

資料編《しりょうへん》

パート1 昭和《しょうわ》から平成《へいせい》へ

日本《にほん》が昭和《しょうわ》から平成《へいせい》に移《うつ》った1989年《ねん》、世界《せかい》では、それまでの秩序《ちつじょ》をゆるがす大《おお》きなできごとが起《お》こります。6月《がつ》には中国《ちゅうごく》で天安門事件《てんあんもんじけん》が起《お》きました。東《ひがし》ヨーロッパの国《くに》ぐにでも一連《いちれん》の民主革命《みんしゅかくめい》が起《お》こり、11月《がつ》にベルリンの壁《かべ》⇒P43崩壊《ほうかい》、そして冷戦《れいせん》⇒P43の終結《しゅうけつ》へと続《つづ》きます。

そのとき日本では？

新元号《しんげんごう》は平成《へいせい》

1989年《ねん》1月7日《がつなのか》、昭和天皇《しょうわてんのう》のご逝去《せいきょ》にともない、明仁皇太子《あきひとこうたいし》が皇位《こうい》を継承《けいしょう》し、天皇《てんのう》に即位《そくい》。皇居《こうきょ》では、皇位《こうい》を受《う》けつぐ剣璽等承継の儀《けんじとうしょうけいのぎ》＊1が、9日《ここのか》には即位後朝見の儀《そくいごちょうけんのぎ》＊2がそれぞれ国事行為《こくじこうい》としておこなわれました。皇位継承《こういけいしょう》にともなう儀式《ぎしき》のうち政教分離《せいきょうぶんり》＊3との関係《かんけい》で、宗教色《しゅうきょうしょく》のうすい2つの儀式《ぎしき》がおこなわれたとされています。

ご逝去《せいきょ》の当日《とうじつ》、内閣官房長官《ないかくかんぼうちょうかん》の小渕恵三《おぶちけいぞう》⇒P41が記者会見《きしゃかいけん》し、新《あたら》しい元号《げんごう》を「平成《へいせい》」とする閣議《かくぎ》決定《けってい》を発表《はっぴょう》。「平成《へいせい》」と大《おお》きく墨書《ぼくしょ》された台紙《だいし》をかかげて、名前《なまえ》の由来《ゆらい》を説明《せつめい》しました。中国《ちゅうごく》の古《こ》典《てん》である「史記《しき》」と「書経《しょきょう》」にある言葉《ことば》から選《えら》ばれ、「内外《ないがい》、天地《てんち》ともに平和《へいわ》が達成《たっせい》される」というものでした。新元号《しんげんごう》は、元号法《げんごうほう》にもとづき、翌《よく》8日《ようか》から施行《しこう》されました。

▼1月7日《がつなのか》、記者会見《きしゃかいけん》で「平成《へいせい》」という元号《げんごう》を発表《はっぴょう》する小渕官房長官《おぶちかんぼうちょうかん》。

写真：共同通信社/ユニフォトプレス

＊1 剣璽等承継の儀《けんじとうしょうけいのぎ》：皇室《こうしつ》に伝《つた》わる剣《けん》と璽《じ》（勾玉《まがたま》）が受《う》けつがれる儀式《ぎしき》。＊2 即位後朝見の儀《そくいごちょうけんのぎ》：天皇《てんのう》の即位後《そくいご》、内閣《ないかく》総理大臣《そうりだいじん》などと会《あ》う儀式《ぎしき》。＊3 政教分離《せいきょうぶんり》：政治《せいじ》と宗教《しゅうきょう》をわけ、たがいに干渉《かんしょう》しないという原則《げんそく》。

そのとき世界では？

世界《せかい》の民主化《みんしゅか》の動《うご》き

1989.6.4

天安門事件《てんあんもんじけん》⇒P8

中国《ちゅうごく》の北京《ペキン》で、100万人《まんにん》もの人《ひと》びとが自由化《じゆうか》・民主《みんしゅ》化《か》⇒P43 をもとめ天安門広場《てんあんもんひろば》に集《あつ》まった。ところが、中国共産党《ちゅうごくきょうさんとう》の中国人民解放軍《ちゅうごくじんみんかいほうぐん》*1は武力《ぶりょく》をつかい弾《だん》圧《あつ》。多《おお》くの死傷者《ししょうしゃ》を出《だ》した。この事件《じけん》で、中国《ちゅうごく》の民《みん》主化《しゅか》はとまってしまった。

▶天安門広場《てんあんもんひろば》。

1989.6.4

ポーランドで自由選挙《じゆうせんきょ》⇒P12

東《ひがし》ヨーロッパのポーランドでは、はじめての自由選《じゆうせん》挙《きょ》がおこなわれ、ワレサ（⇒P12）議長率《ぎちょうひき》いる「連《れん》帯《たい》」が圧勝《あっしょう》。9月《がつ》には非共産党政権《ひきょうさんとうせいけん》が成立《せいりつ》し、その後《ご》の東《ひがし》ヨーロッパの国《くに》ぐにの民主化運動《みんしゅかうんどう》の先《さき》がけとなった。

© Bpro ¦ Dreamstime.com
▶ポーランド共和国下院《きょうわこくかいん》の議場《ぎじょう》。

1989.11.9

ベルリンの壁崩壊《かべほうかい》⇒P14

1961年《ねん》に東《ひがし》ドイツ政府《せいふ》によって建設《けんせつ》された西《にし》ベルリンをかこむ壁《かべ》は、その後長《ごなが》いあいだ東西冷戦《とうざいれいせん》の象《しょう》徴《ちょう》となっていたが、1989年《ねん》11月9日《がつここのか》、東《ひがし》ドイツ政《せい》府《ふ》のまちがった発表《はっぴょう》をきっかけに、市民《しみん》の手《て》で壁《かべ》がこわされた。

写真：AP/アフロ
▶壁崩壊《かべほうかい》の翌日《よくじつ》。

1989.12.3

冷戦《れいせん》の終結《しゅうけつ》⇒P15

1989年《ねん》12月2日《がつふつか》、地中海《ちちゅうかい》のマルタ島《とう》でアメリカ大《だい》統領《とうりょう》のブッシュ⇒P42 とソ連共産党書記長《れんきょうさんとうしょきちょう》のゴルバチョフ⇒P41 が会談《かいだん》。翌3日《よくみっか》、両首脳《りょうしゅのう》が冷戦《れいせん》の終結《しゅうけつ》を宣言《せんげん》し、第二次世界大戦《だいにじせかいたいせん》⇒P42後《ご》から続《つづ》いた冷戦《れいせん》が終《お》わりをむかえた。

写真：Newscom/アフロ
▶マルタ会談《かいだん》での両首脳《りょうしゅのう》。

1991.12.25

ソ連解体《れんかいたい》⇒P16

ソ連大統領《れんだいとうりょう》のゴルバチョフにかわり、ロシア大統《だいとう》領《りょう》のエリツィン⇒P41 が実権《じっけん》をにぎり、独立国家共同体《どくりつこっかきょうどうたい》（CIS《シーアイエス》）が誕生《たんじょう》。12月25日《がつにち》、ゴルバチョフは大統領《だいとうりょう》を辞任《じにん》。ソ連《れん》が解体《かいたい》しロシアがあとをつぐことになった。

▶ロシア・モスクワの赤《あか》の広場《ひろば》。

*1 中国人民解放軍《ちゅうごくじんみんかいほうぐん》：中国《ちゅうごく》の政権《せいけん》をになう中国共産党《ちゅうごくきょうさんとう》の指揮下《しきか》にある軍隊《ぐんたい》。事実上《じじつじょう》の中国《ちゅうごく》の国軍《こくぐん》。

そのとき世界では？

天安門事件《てんあんもんじけん》

天安門《てんあんもん》は、中国《ちゅうごく》・北京《ペキン》にある、明《みん》・清時代《しんじだい》の皇帝《こうてい》の宮殿《きゅうでん》の正門《せいもん》にあたります。城壁《じょうへき》の上《うえ》に2階建《かいだ》ての楼閣《ろうかく》があり、明《みん》・清時代《しんじだい》の皇帝《こうてい》は、大《おお》きな国家行事《こっかぎょうじ》の際《さい》には、この楼閣《ろうかく》の上《うえ》に立《た》ちました。１９４９年《ねん》には、毛沢東《マオツォトン》がこの楼閣《ろうかく》に立《た》って、中華人民共和国《ちゅうかじんみんきょうわこく》の建国《けんこく》を宣言《せんげん》しました。

天安門《てんあんもん》の前《まえ》には、50万人以上《まんにんいじょう》が集《あつ》まることのできる天安門《てんあんもん》広場《ひろば》が広《ひろ》がっています。この広場《ひろば》では、大《おお》きな事件《じけん》が2回起《かいお》こりました。最初《さいしょ》の事件《じけん》は、１９７６年《ねん》のことです。

中国《ちゅうごく》では文化大革命《ぶんかだいかくめい》⇒P43のあと国内《こくない》が混乱《こんらん》していましたが、穏健派《おんけんは》の周恩来《チョウエンライ》⇒P42が実権《じっけん》をにぎってからは、文化大革命《ぶんかだいかくめい》の行《い》きすぎを是正《ぜせい》する動《うご》きがはじまりました。副総理《ふくそうり》として周《チョウ》を支《ささ》えたのが鄧小平《トウンシャオピン》⇒P42です。

これに不満《ふまん》をもったのが、毛沢東《マオツォトン》や、毛《マオ》の妻《つま》の江青《ジャンチン》ら四人組《よにんぐみ》です。彼《かれ》らは周恩来《チョウエンライ》を批判《ひはん》し追《お》いおとしをはかりました。そのころ、周恩来《チョウエンライ》はがんにおかされていましたが、四人組《よにんぐみ》の妨害《ぼうがい》でじゅうぶんな治療《ちりょう》を受《う》けられないまま、１９７６年《ねん》１月《がつ》に死去《しきょ》しました。

周恩来《チョウエンライ》の死去《しきょ》から3か月後《げつご》、天安門広場《てんあんもんひろば》には彼《かれ》を追悼《ついとう》する人《ひと》びとが集《あつ》まるようになりました。これに対《たい》して、四人組《よにんぐみ》は軍《ぐん》・警察《けいさつ》を動員《どういん》して、人《ひと》びとを暴力《ぼうりょく》で強制排除《きょうせいはいじょ》し、逮捕《たいほ》・連行《れんこう》したのです。さらに混乱《こんらん》の責任《せきにん》は鄧小平《トウンシャオピン》にあるとして失脚《しっきゃく》させました。この事件《じけん》は、のちの「天安門事件《てんあんもんじけん》」と区別《くべつ》するために、「第一次天安門事件《だいいちじてんあんもんじけん》」とよばれています。

ところが、その5か月後《げつご》、毛沢東《マオツォトン》が死去《しきょ》。直後《ちょくご》に四人組《よにんぐみ》が逮捕《たいほ》されて、鄧小平《トウンシャオピン》が中国《ちゅうごく》の最高実力者《さいこうじつりょくしゃ》となって復活《ふっかつ》しました。鄧小平《トウンシャオピン》は、積極的《せっきょくてき》に「改革《かいかく》・開放《かいほう》」路線政策《ろせんせいさく》を進《すす》めていきました。「改革《かいかく》」とは、個人経営《こじんけいえい》の農業《のうぎょう》や商業《しょうぎょう》を認《みと》めることで、「開放《かいほう》」とは、海外《かいがい》からの投資《とうし》を認《みと》めることです。

この政策《せいさく》によって、中国《ちゅうごく》は近代化《きんだいか》へと歩《あゆ》みはじめ、海外《かいがい》からは言論《げんろん》の自由《じゆう》などの民主主義的《みんしゅしゅぎてき》な考《かんが》え方《かた》が流《なが》れこんできました。この影響《えいきょう》を受《う》けて、北京市内《ペキンしない》には、民主化要求《みんしゅかようきゅう》を書《か》いた「壁新聞《かべしんぶん》」をはりだすなどの自由《じゆう》な言論《げんろん》の場《ば》が一時期《いちじき》あらわれました。これは「北京《ペキン》の春《はる》」とよばれています。

鄧小平《トウンシャオピン》はやがて民主化《みんしゅか》の動《うご》きを弾圧《だんあつ》するようになります。「壁新聞《かべしんぶん》」に自分《じぶん》を批判《ひはん》する動《うご》きが出《で》てきたからです。

その後《ご》、断続的《だんぞくてき》に民主化運動《みんしゅかうんどう》が起《お》こりますが、あらたに総書記《そうしょき》となった胡耀邦《フーヤオパン》*1は容認《ようにん》していました。これを中国共産党内《ちゅうごくきょうさんとうない》の保守派《ほしゅは》が批判《ひはん》し、胡耀邦《フーヤオパン》は１９８７年《ねん》に辞任《じにん》。後任《こうにん》には趙紫陽《チャオズーヤン》*2が選《えら》ばれました。胡耀邦《フーヤオパン》は失脚後《しっきゃくご》、親日家《しんにちか》であったことも批判《ひはん》の的《まと》になりました。2年後《ねんご》の１９８９年《ねん》4月《がつ》、胡耀邦《フーヤオパン》は死去《しきょ》します。胡耀邦《フーヤオパン》の死《し》が発表《はっぴょう》された直後《ちょくご》から、学生《がくせい》たちによって、天安門広場《てんあんもんひろば》などで彼《かれ》の追悼集会《ついとうしゅうかい》やデモがはじまりました。運動《うんどう》はやがて市民《しみん》もまきこんで、言論《げんろん》の自由《じゆう》などの民主化要求《みんしゅかようきゅう》へと発展《はってん》していきました。

＊1 胡耀邦《フーヤオパン》：1915～1989年《ねん》。中国《ちゅうごく》の政治家《せいじか》。中国共産党主席《ちゅうごくきょうさんとうしゅせき》、総書記《そうしょき》などをつとめたが、民主化運動《みんしゅかうんどう》を容認《ようにん》し失脚《しっきゃく》した。 ＊2 趙紫陽《チャオズーヤン》：1919～2005年《ねん》。中国《ちゅうごく》の政治家《せいじか》。胡耀邦《フーヤオパン》に続《つづ》き民主化運動《みんしゅかうんどう》を容認《ようにん》した。

一方《いっぽう》、中国共産党内《ちゅうごくきょうさんとうない》の保守派《ほしゅは》は、すでにはじまっていた東《ひがし》ヨーロッパ諸国《しょこく》での民主化運動《みんしゅかうんどう》が中国《ちゅうごく》に飛《と》び火《ひ》するのを警戒《けいかい》していました。中国共産党《ちゅうごくきょうさんとう》の一党独裁《いっとうどくさい》が崩壊《ほうかい》することをおそれていたのです。そこで鄧小平《トウンシャオピン》は、学生《がくせい》たちの動《うご》きを反革命的《はんかくめいてき》だとして、「動乱《どうらん》」と決《き》めつけました。民主化運動《みんしゅかうんどう》はその後《ご》、ソ連《れん》のゴルバチョフが中国《ちゅうごく》を訪問《ほうもん》した5月中旬《がっちゅうじゅん》に最高潮《さいこうちょう》に達《たっ》し、天安門広場《てんあんもんひろば》には100万人《まんにん》もの人《ひと》たちが集《あつ》まりました。

この動《うご》きに対《たい》して、鄧小平《トウンシャオピン》は戒厳令《かいげんれい》*1を発動《はつどう》して、中《ちゅう》国人民解放軍《ごくじんみんかいほうぐん》による学生《がくせい》の排除《はいじょ》を決定《けってい》。この動《うご》きに反対《はんたい》した趙紫陽《チャオズーヤン》は、胡耀邦《フーヤオパン》と同《おな》じく解任《かいにん》されました。

6月4日《がつよっか》、20万人《まんにん》の中国人民解放軍《ちゅうごくじんみんかいほうぐん》は、装甲車《そうこうしゃ》を先頭《せんとう》に広場《ひろば》に突入《とつにゅう》。兵士《へいし》が学生《がくせい》らに対《たい》して無差別射撃《むさべつしゃげき》を開始《かいし》して、広場周辺《ひろばしゅうへん》は流血《りゅうけつ》の惨事《さんじ》となったのです。これが1989年《ねん》の「天安門事件《てんあんもんじけん》」です。武力弾圧《ぶりょくだんあつ》は翌日《よくじつ》も続《つづ》きました。

こうして、学生《がくせい》たちの7週間《しゅうかん》にわたる民主化運動《みんしゅかうんどう》は、戦車《せんしゃ》によってふみつぶされました。政府発表《せいふはっぴょう》では死者《ししゃ》は約《やく》300人《にん》とされていますが、実際《じっさい》はこれをはるかに上回《うわまわ》る数字《すうじ》と推定《すいてい》されています。この事件《じけん》のあと、中国《ちゅうごく》はふたたび長《なが》い冬《ふゆ》の時代《じだい》をむかえることになるのです。

なお、この天安門事件《てんあんもんじけん》にかかわった人権活動家《じんけんかつどうか》の劉暁《リウシアオ》波《ポー》*2さんは、獄中《ごくちゅう》で2010年《ねん》のノーベル平和賞《へいわしょう》を受賞《じゅしょう》しました。

▲天安門事件《てんあんもんじけん》への出動《しゅつどう》を終《お》えた戦車《せんしゃ》の前《まえ》に立《た》ちはだかり、行《ゆ》く手《て》をはばむ若者《わかもの》。中国《ちゅうごく》の民主化運動《みんしゅかうんどう》を象徴《しょうちょう》するこの写真《しゃしん》は世界《せかい》じゅうに広《ひろ》がった。

写真：AP/アフロ

*1 戒厳令《かいげんれい》：国家《こっか》の非常時《ひじょうじ》に、国《くに》の権利《けんり》を軍《ぐん》にゆだねるという命令《めいれい》。 *2 劉暁波《リウシアオポー》：1955年《ねん》〜。中国《ちゅうごく》の人権活動家《じんけんかつどうか》。中《ちゅう》国《ごく》の民主化《みんしゅか》をうったえつづけるが、天安門事件《てんあんもんじけん》に参加《さんか》して有罪判決《ゆうざいはんけつ》を受《う》ける。

そのとき日本では？

消費税《しょうひぜい》スタート

世界《せかい》で1989年《ねん》の大《おお》きなできごとが起《お》こりはじめる前《まえ》から、日本《にほん》では、消費税《しょうひぜい》の構想《こうそう》がたびたび出《だ》されていました。1979年《ねん》には大平正芳《おおひらまさよし》⇒P41内閣《ないかく》から一般消費税導入案《いっぱんしょうひぜいどうにゅうあん》が、1987年《ねん》には中曽根康弘《なかそねやすひろ》⇒P42内閣《ないかく》から売上税《うりあげぜい》*1構想《こうそう》が出《だ》されました。しかし、野党《やとう》や国民《こくみん》の反発《はんぱつ》を招《まね》いていずれも廃案《はいあん》になりました。そのような経緯《けいい》を経《へ》て、竹下登《たけしたのぼる》⇒P42内閣《ないかく》は1988年《ねん》、社会保障《しゃかいほしょう》*2の財源《ざいげん》にあてるとして、消費税法《しょうひぜいほう》を国会《こっかい》に提出《ていしゅつ》。強行採決《きょうこうさいけつ》して成立《せいりつ》させ、翌年《よくねん》の1989年《ねん》4月1日《がつついたち》から消費税《しょうひぜい》3%がスタートしたのです。平成《へいせい》になってまもないときでした。

消費税《しょうひぜい》が3%のときには、そのすべてが国税《こくぜい》（国《くに》におさめる税金《ぜいきん》）でしたが、1997年《ねん》の消費税《しょうひぜい》ひきあげの際《さい》に地方《ちほう》消費税《しょうひぜい》が導入《どうにゅう》されて、国税《こくぜい》4%、地方消費税《ちほうしょうひぜい》1%で合計《ごうけい》5%になりました。2014年《ねん》には8%（国税《こくぜい》6・3%、地方消費《ちほうしょうひ》税《ぜい》1・7%）にひきあげられました。2015年《ねん》には10%にひきあげられる予定《よてい》でしたが、2017年《ねん》に延期《えんき》されました。

下《した》のグラフは、おもな国《くに》の消費税《しょうひぜい》の一覧《いちらん》です。これを見《み》ると、デンマークなどにくらべて、日本《にほん》の消費税《しょうひぜい》は低《ひく》い水準《すいじゅん》にあります。ところがデンマークなどは、福祉《ふくし》が充実《じゅうじつ》していて教育費《きょういくひ》も無料《むりょう》。いわば高福祉《こうふくし》、高負担《こうふたん》の国《くに》なのです。

景気《けいき》の停滞《ていたい》が長引《ながび》く日本《にほん》で、社会保障《しゃかいほしょう》と税金《ぜいきん》の負担《ふたん》をどう考《かんが》えていくのかが大《おお》きな課題《かだい》になっています。

各国《かっこく》の消費税率《しょうひぜいりつ》

※日本《にほん》については2014年《ねん》4月時点《がつじてん》の税率《ぜいりつ》、そのほかの国《くに》については2014年《ねん》1月時点《がつじてん》の税率《ぜいりつ》を記載《きさい》。

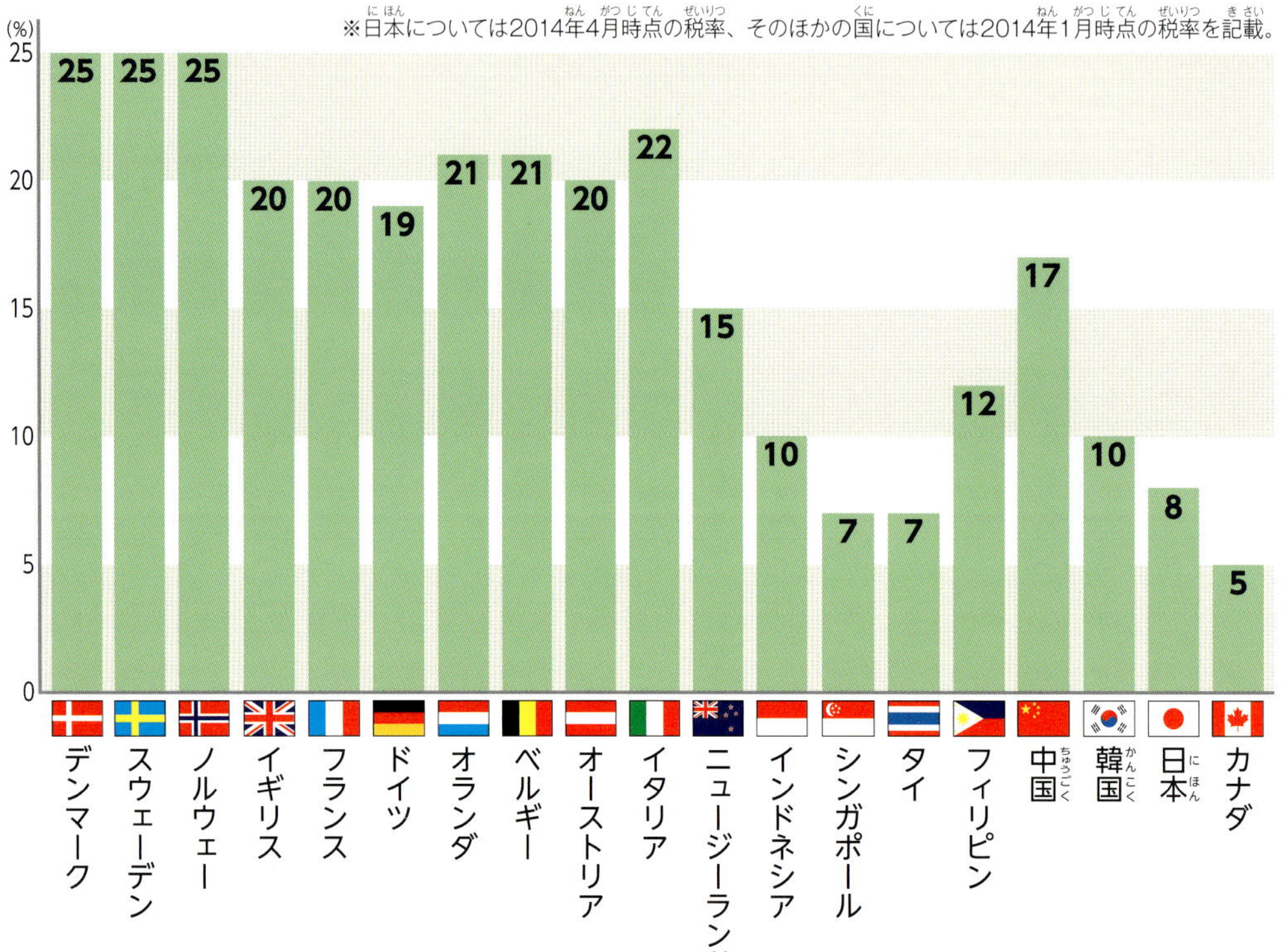

財務省「付加価値税率（標準税率）の国際比較」より作成

*1 売上税《うりあげぜい》：ものやサービスの売上《うりあげ》に対《たい》してかかる税金《ぜいきん》のこと。
*2 社会保障《しゃかいほしょう》：医療《いりょう》や年金《ねんきん》、介護《かいご》、就労《しゅうろう》などの面《めん》で、国《くに》が国民《こくみん》に生活《せいかつ》を保障《ほしょう》すること。

そのとき日本では？

参議院《さんぎいん》で与野党逆転《よやとうぎゃくてん》

リクルート事件《じけん》⇒P43の責任《せきにん》をとって退陣《たいじん》した竹下登《たけしたのぼる》のあとをつぎ、首相《しゅしょう》に就任《しゅうにん》した宇野宗佑《うのそうすけ》⇒P41のもとで、1989年《ねん》7月《がつ》23日《にち》、第《だい》15回参議院議員通常選挙《かいさんぎいんぎいんつうじょうせんきょ》が争《あらそ》われました。

この選挙《せんきょ》で自民党《じみんとう》⇒P42は、改選議席《かいせんぎせき》を大幅《おおはば》に減《へ》らして大敗《たいはい》。社会党《しゃかいとう》⇒P42が議席《ぎせき》をのばしたほか、はじめて選挙《せんきょ》を戦《たたか》った連合《れんごう》の会《かい》が11議《ぎ》席《せき》を獲得《かくとく》し、参議院《さんぎいん》での自民党対非自民党《じみんとうたいひじみんとう》の議《ぎ》席数《せきすう》が逆転《ぎゃくてん》しました。自民党《じみんとう》の敗因《はいいん》は、「消費税《しょうひぜい》」「リクルート事件《じけん》」「宇野首相《うのしゅしょう》の女性問題《じょせいもんだい》」の3点《てん》が国民《こくみん》の反発《はんぱつ》を招《まね》いたこととされています。

一方《いっぽう》、社会党《しゃかいとう》の勝因《しょういん》は、初《はつ》の女性委員長《じょせいいいんちょう》である土井《どい》たか子《こ》*1人気《にんき》によるものといわれています。また土井人気《どいにんき》が追《お》い風《かぜ》となって、「マドンナ旋風《せんぷう》」が吹《ふ》いたといわれ、女性候補者《じょせいこうほしゃ》が22人《にん》当選《とうせん》しました。

自民党敗北《じみんとうはいぼく》の責任《せきにん》をとって、宇野《うの》は在職《ざいしょく》69日《にち》で退陣《たいじん》。海部俊樹《かいふとしき》⇒P41、林義郎《はやしよしろう》*2、石原慎太郎《いしはらしんたろう》*3のあいだで両院議員《りょういんぎいん》、都道府県代議員《とどうふけんだいぎいん》による選挙《せんきょ》がおこなわれた結果《けっか》、1989年《ねん》8月《がつ》、海部《かいふ》が自民党総裁《じみんとうそうさい》に選《えら》ばれ、続《つづ》いて首相《しゅしょう》に就任《しゅうにん》しました。海部《かいふ》のもとで、内閣支持率《ないかくしじりつ》は回復《かいふく》にむかいながら平成元年《へいせいがんねん》を終《お》えました。

第《だい》15回参院選前後《かいさんいんせんぜんご》の議席数《ぎせきすう》

第《だい》14回通常選挙後《かいつうじょうせんきょご》　第《だい》106回国会《かいこっかい》（特別《とくべつ》）
1986年《ねん》7月《がつ》22日指定《にちしてい》（召集日《しょうしゅうび》）

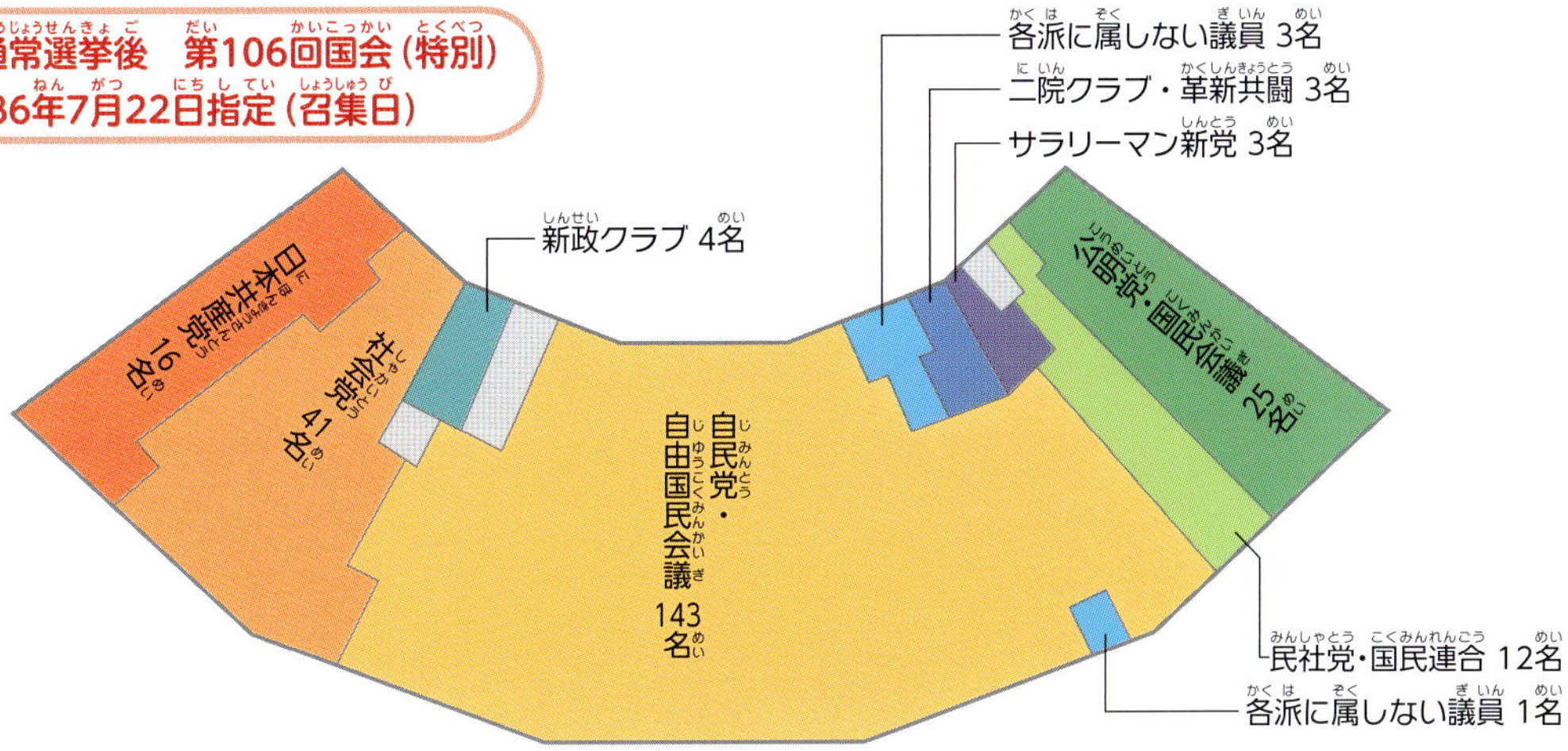

第《だい》15回通常選挙後《かいつうじょうせんきょご》　第《だい》115回国会《かいこっかい》（臨時《りんじ》）
1989年《ねん》8月7日指定《がつなのかしてい》（召集日《しょうしゅうび》）

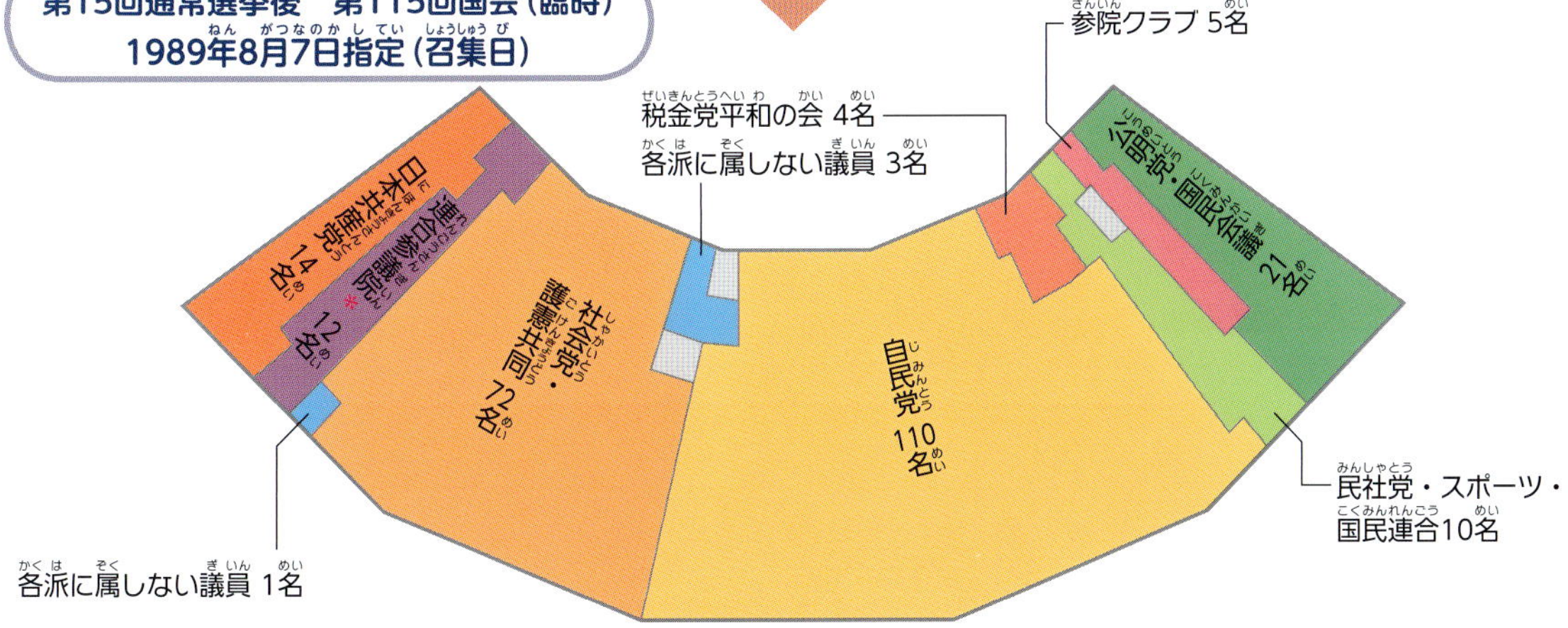

*連合《れんごう》の会《かい》11人《にん》と無所属1人《むしょぞくひとり》が結成《けっせい》した会派《かいは》。

参議院ホームページより作成

*1 土井《どい》たか子《こ》：1928 ～ 2014年《ねん》。社会党《しゃかいとう》から衆議院議員《しゅうぎいんぎいん》に当選《とうせん》し、社会党委員長《しゃかいとういいんちょう》などをつとめる。 *2 林義郎《はやしよしろう》：1927年《ねん》～。日本《にほん》の政治家《せいじか》。*3 石原慎太郎《いしはらしんたろう》：1932年《ねん》～。衆議院議員《しゅうぎいんぎいん》などを経《へ》て、1999年《ねん》から2012年《ねん》まで東京都知事《とうきょうとちじ》。

そのとき世界では？

ポーランドの革命《かくめい》

日本《にほん》が平成時代《へいせいじだい》をむかえた1989年《ねん》、ソ連《れん》の支配下《しはいか》にあった東《ひがし》ヨーロッパ（東欧《とうおう》）諸国《しょこく》が連鎖反応《れんさはんのう》を起《お》こしたように改革《かいかく》に歩《あゆ》みだしました。その背景《はいけい》には次《つぎ》のことがあります。

まず、ソ連《れん》でゴルバチョフ政権《せいけん》が誕生《たんじょう》して、ペレストロイカ⇒P43などの改革《かいかく》が急速《きゅうそく》に進展《しんてん》したこと。この結果《けっか》、東欧《とうおう》諸国《しょこく》が体制変革《たいせいへんかく》にふみきっても、ソ連《れん》が武力介入《ぶりょくかいにゅう》する危険《きけん》がなくなったことがあげられます。

次《つぎ》に、東欧諸国《とうおうしょこく》が経済危機《けいざいきき》におちいったことがあげられます。これまではソ連《れん》の経済援助《けいざいえんじょ》を期待《きたい》できましたが、ソ連自《れんじ》体《たい》の経済《けいざい》が破綻寸前《はたんすんぜん》だったため、各国《かっこく》は自力《じりき》で経済《けいざい》の立《た》てなおしを進《すす》めなければなりませんでした。そのためには、各国《かっこく》とも共産党《きょうさんとう》*1による一党独裁体制《いっとうどくさいたいせい》を変革《へんかく》して、民主的《みんしゅてき》な体制《たいせい》につくりかえる必要《ひつよう》があったのです。西側諸国《にしがわしょこく》に援助《えんじょ》をもとめるにも、政治体制《せいじたいせい》の変革《へんかく》はさけられない道《みち》でした。国内《こくない》の民主化《みんしゅか》をもとめる運動《うんどう》がそれに拍車《はくしゃ》をかけました。

東《ひがし》ヨーロッパ諸国《しょこく》のなかでいち早《はや》く改革《かいかく》にむけて歩《あゆ》みだしたのはポーランドです。ポーランドではワレサ*2率《ひき》いる「連《れん》帯《たい》」と政府《せいふ》のあいだで改革《かいかく》にむけての話《はな》しあいが進《すす》められ、1989年《ねん》2月《がつ》から4月《がつ》にかけて「円卓会議《えんたくかいぎ》」が開《ひら》かれました。この円卓会議《えんたくかいぎ》で、国家組織《こっかそしき》の改編《かいへん》、自由選挙《じゆうせんきょ》の実施《じっし》、大《だい》統領制《とうりょうせい》の導入《どうにゅう》などが決《き》まりました。ついでおこなわれた自由《じゆう》選挙《せんきょ》では、「連帯《れんたい》」が圧勝《あっしょう》。はじめて非共産党《ひきょうさんとう》の連立政権《れんりつせいけん》が誕生《たんじょう》しました。この年《とし》の暮《く》れには、国名《こくめい》の「ポーランド人民《じんみん》共和国《きょうわこく》」から「人民《じんみん》」の1語《ご》がけずられ、「ポーランド共《きょう》和《わ》国《こく》」に変更《へんこう》。1945年《ねん》から44年間続《ねんかんつづ》いてきた共産党政権《きょうさんとうせいけん》時代《じだい》が終《お》わりました。ワレサは翌年《よくねん》の大統領選《だいとうりょうせん》で当選《とうせん》をはたします。

▲1989年《ねん》2月《がつ》、円卓会議《えんたくかいぎ》の席上《せきじょう》につくワレサ議長《ぎちょう》。

池上解説

「円卓会議《えんたくかいぎ》」って？

テーブルをはさんで対立《たいりつ》する双方《そうほう》がむきあうのでなく、巨大《きょだい》な「円卓《えんたく》」をかこんで交渉《こうしょう》をおこなったことから、こうよばれているよ。対立《たいりつ》から協《きょう》調《ちょう》への転換《てんかん》を象徴《しょうちょう》するできごとだったんだ。

*1 共産党《きょうさんとう》：共産主義《きょうさんしゅぎ》の実現《じつげん》をめざす政党《せいとう》のこと。中国共産党《ちゅうごくきょうさんとう》、ベトナム共産党《きょうさんとう》などがある。
*2 ワレサ：ヴァウェンサ。1943年《ねん》〜。自由化運動《じゆうかうんどう》を進《すす》めたポーランドの政治家《せいじか》。

そのとき世界では？

東《ひがし》ヨーロッパ諸国《しょこく》の革命《かくめい》

ハンガリーでは、政府自《せいふみずか》らが報道規制《ほうどうきせい》の解除《かいじょ》や憲法改正《けんぽうかいせい》などの改革《かいかく》に乗《の》りだし、静《しず》かな変革《へんかく》がおこなわれました。かつてソ連《れん》によって民主化運動《みんしゅかうんどう》が弾圧《だんあつ》されたハンガリー動乱《どうらん》＊1から33年目《ねんめ》の同《おな》じ日《ひ》、1989年《ねん》10月《がつ》23日《にち》に、「ハンガリー人民共和国《じんみんきょうわこく》」から「人民《じんみん》」の1語《ご》を削除《さくじょ》した「ハンガリー共和国《きょうわこく》」が成立《せいりつ》しました。これに先《さき》だち、ハンガリー政府《せいふ》は自国《じこく》を訪《おとず》れた東《ひがし》ドイツ国民《こくみん》に出国許可《しゅっこくきょか》をあたえ、オーストリアを経由《けいゆ》して西《にし》ドイツに脱出《だっしゅつ》させました。このできごとは「ヨーロッパ・ピクニック」といわれ、東《ひがし》ドイツをはじめ、東《ひがし》ヨーロッパ諸国《しょこく》の体制変革《たいせいへんかく》のきっかけになったとされています。

ポーランドやハンガリーの民主化《みんしゅか》の影響《えいきょう》を受《う》けて、ブルガリアでも変革《へんかく》をのぞむ声《こえ》が高《たか》まっていました。これに対《たい》して政府《せいふ》は、自国内《じこくない》に住《す》むトルコ系住民《けいじゅうみん》の処遇《しょぐう》を問題《もんだい》にすることで、国民《こくみん》の関心《かんしん》を民主化《みんしゅか》からそらし、また社会主義《しゃかいしゅぎ》の枠内《わくない》での一部自由化《いちぶじゆうか》を認《みと》めて、民主化要求《みんしゅかようきゅう》をおさめようとしました。これが民主化運動《みんしゅかうんどう》に油《あぶら》をそそぐ結果《けっか》になり、首都《しゅと》ソフィアでは連日《れんじつ》、デモがくりかえされました。1989年《ねん》、運動《うんどう》の高《たか》まりに抗《こう》しきれずに、共産党《きょうさんとう》の一党独裁政治《いっとうどくさいせいじ》は幕《まく》を閉《と》じることになりました。

チェコスロバキアでは、1968年《ねん》、チェコスロバキア共産党《きょうさんとう》が民主化《みんしゅか》を進《すす》めようとしたところ、ソ連《れん》を中心《ちゅうしん》とするワルシャワ条約機構《じょうやくきこう》（WTO《ダブリューティーオー》）⇒P43軍《ぐん》が武力介入《ぶりょくかいにゅう》し改革《かいかく》がおしつぶされた歴史《れきし》があります。これは、「プラハの春《はる》」とよばれています。その後《ご》、周辺国《しゅうへんこく》の影響《えいきょう》を受《う》けて、民主化運動《みんしゅかうんどう》が高揚《こうよう》。政府《せいふ》は共産党一党独裁《きょうさんとういっとうどくさい》の廃止《はいし》、複数政党制《ふくすうせいとうせい》の導入《どうにゅう》などを決定《けってい》し、建国以来《けんこくいらい》はじめて非共産党員《ひきょうさんとういん》の大統領《だいとうりょう》が選《えら》ばれました（1989年《ねん》）。この改革《かいかく》は流血《りゅうけつ》の事態《じたい》にならなかったので、「ビロード革命《かくめい》」とよばれています。

ルーマニアはほかの東《ひがし》ヨーロッパ諸国《しょこく》とはことなり、チャウシェスク＊2大統領《だいとうりょう》による専制政治《せんせいせいじ》が続《つづ》いていました。長年《ながねん》の食料不足《しょくりょうぶそく》と恐怖政治《きょうふせいじ》への国民《こくみん》の怒《いか》りは高《たか》まり、民主化《みんしゅか》をもとめる運動《うんどう》に発展《はってん》。政府《せいふ》はこれを徹底《てってい》して弾圧《だんあつ》したため、武力衝突《ぶりょくしょうとつ》と流血《りゅうけつ》の惨事《さんじ》がくりかえされました。情勢《じょうせい》が一変《いっぺん》したのは1989年《ねん》12月《がつ》21日《にち》です。この日《ひ》、チャウシェスクは10万人《まんにん》の市民《しみん》を集《あつ》め、政権支持集会《せいけんしじしゅうかい》を開《ひら》きました。ところがこれが「チャウシェスク打倒《だとう》」の大合唱《だいがっしょう》がひびきわたる反政府集会《はんせいふしゅうかい》にかわり、形勢《けいせい》が逆転《ぎゃくてん》したのです。翌《よく》22日《にち》、大統領《だいとうりょう》は外国《がいこく》に亡命《ぼうめい》する寸前《すんぜん》に逮捕《たいほ》され、その後《ご》、処刑《しょけい》されました。こうしてルーマニアも改革《かいかく》にむけて動《うご》きはじめました。

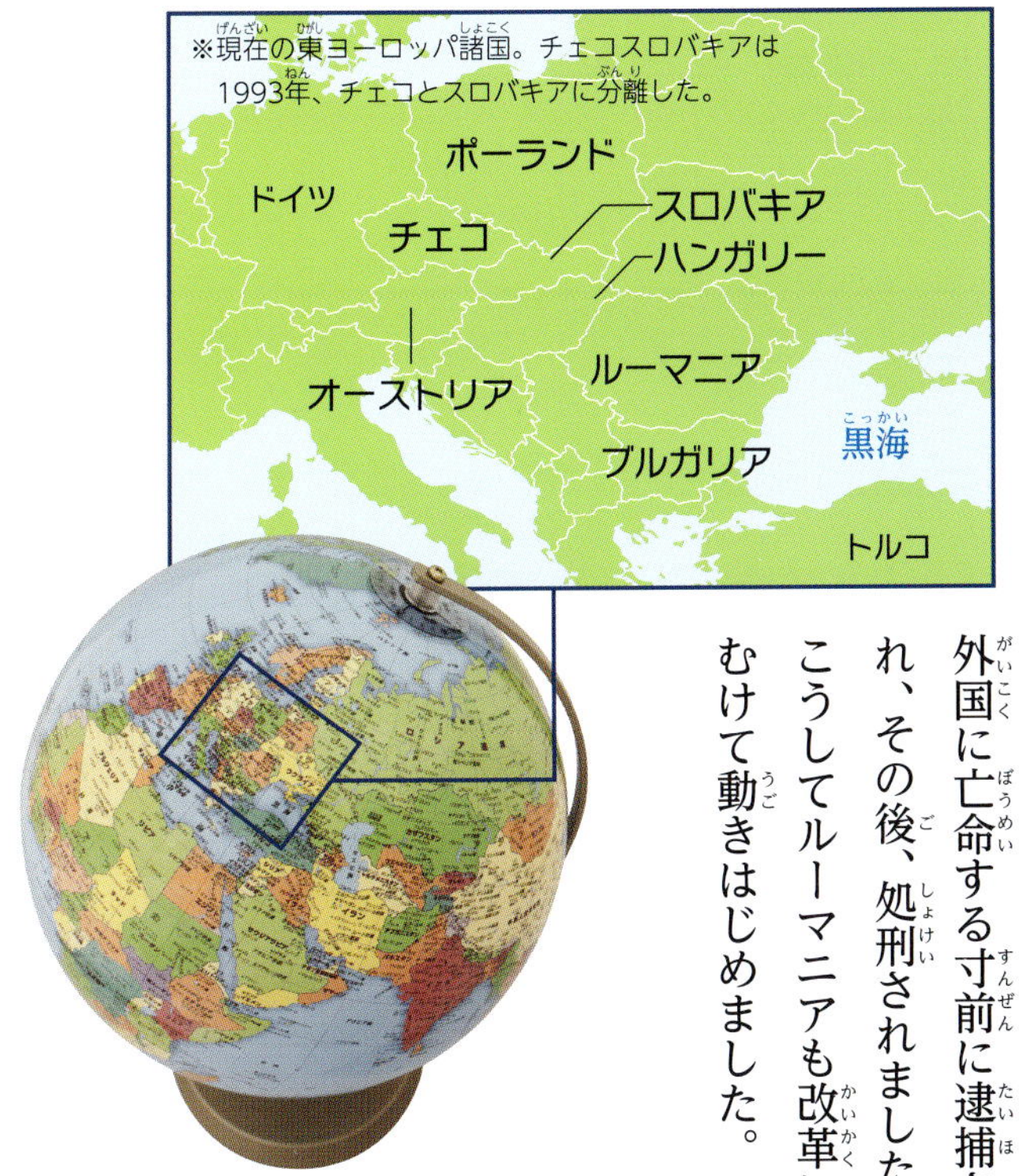

※現在《げんざい》の東《ひがし》ヨーロッパ諸国《しょこく》。チェコスロバキアは1993年《ねん》、チェコとスロバキアに分離《ぶんり》した。

＊1 ハンガリー動乱《どうらん》：1956年《ねん》、ブダペストで民主化《みんしゅか》をもとめ人《ひと》びとが蜂起《ほうき》したが、ソ連軍《れんぐん》に制圧《せいあつ》された事件《じけん》。＊2 チャウシェスク：1918～1989年《ねん》。ルーマニアの初代大統領《しょだいだいとうりょう》。ソ連《れん》とは距離《きょり》をおき、国内《こくない》で独裁政治《どくさいせいじ》をおこなった。

そのとき世界では?

「ベルリンの壁《かべ》」崩壊《ほうかい》

東《ひがし》ヨーロッパの国《くに》ぐにの急速《きゅうそく》な改革《かいかく》の動《うご》きにくらべて、東《ひがし》ドイツの改革《かいかく》はおくれていました。そのため、体制《たいせい》に見切《みき》りをつけた東《ひがし》ドイツ国民《こくみん》は、まず隣《りん》国《ごく》のチェコスロバキアに入《はい》り、そこからハンガリー経由《けいゆ》でぞくぞくと西側《にしがわ》に脱出《だっしゅつ》していきました。国内《こくない》でも、自由選挙《じゆうせんきょ》の実施《じっし》や旅行《りょこう》の自由化《じゆうか》をもとめる声《こえ》が高《たか》まり、各地《かくち》で集会《しゅうかい》やデモがひんぱんにおこなわれました。

この動《うご》きに抵抗《ていこう》しきれずに、共産党書記長《きょうさんとうしょきちょう》のホーネッカー*1が辞任《じにん》。クレンツ*2があとをつぎますが、改革《かいかく》を要求《ようきゅう》する運動《うんどう》は激化《げきか》する一方《いっぽう》でした。そこで政府《せいふ》は、旅行《りょこう》の自由化《じゆうか》を決定《けってい》して、これを東《ひがし》ドイツ国民《こくみん》に発表《はっぴょう》することにしました。1989年《ねん》11月《がつ》9日《ここのか》のことです。

ここで小《ちい》さないいまちがいがあったのです。それが、のちに大《おお》きな事態《じたい》をひきおこしてしまいました。それは、記者会見《きしゃかいけん》で広報担当者《こうほうたんとうしゃ》が、旅行《りょこう》の自由化《じゆうか》を実施《じっし》する日《ひ》を1日早《にちはや》く発表《はっぴょう》した上《うえ》に、手続《てつづ》きについての説明《せつめい》もぬかしてしまったというものです。「いまからすぐに、自由《じゆう》に出国《しゅっこく》できる」という記者会見《きしゃかいけん》のニュースはテレビを通《とお》して、またたくまに東《ひがし》ベルリン市民《しみん》に伝《つた》わりました。

ベルリンの壁崩壊《かべほうかい》の翌日《よくじつ》、東西《とうざい》ベルリンの境界《きょうかい》にあるブランデンブルク門《もん》に東西《とうざい》ドイツから集《あつ》まり、喜《よろこ》びをわかちあう人《ひと》びと。

写真：AP/アフロ

*1 ホーネッカー：1912～1994年《ねん》。1971年《ねん》から東《ひがし》ドイツ共産党《きょうさんとう》の書記長《しょきちょう》となるが、1989年《ねん》に退任《たいにん》。独裁《どくさい》が終了《しゅうりょう》した。*2 クレンツ：1937年《ねん》～。書記長《しょきちょう》として東《ひがし》ドイツの民主化《みんしゅか》をはかるが国民《こくみん》の反発《はんぱつ》を招《まね》く。

この直後《ちょくご》から、ベルリンの壁《かべ》の検問所《けんもんじょ》[＊1]には、次《つぎ》つぎと東《ひがし》ベルリン市民《しみん》が集《あつ》まりだしました。この事態《じたい》に収拾《しゅうしゅう》がつかなくなった警備兵《けいびへい》はついに検問所《けんもんじょ》を開放《かいほう》してしまったのです。壁《かべ》にのぼって踊《おど》りはじめる人《ひと》。歓喜《かんき》の声《こえ》をあげながら抱《だ》きあう多《おお》くの東《ひがし》ベルリン市民《しみん》が西《にし》ベルリンになだれこみました。壁《かべ》をたたきこわす人《ひと》。とぎれることなく、東《ひがし》ベルリン市《し》民《みん》がおしよせてきました。東西冷戦《とうざいれいせん》の象徴《しょうちょう》だった「ベルリンの壁《かべ》」があっけなく崩壊《ほうかい》するという歴史的《れきしてき》な瞬間《しゅんかん》でした。この光景《こうけい》はテレビを通《とお》して世界《せかい》じゅうに流《なが》されました。東《ひがし》ドイツではその後《ご》も変革《へんかく》が続《つづ》き、1990年《ねん》には、共産党一党独裁《きょうさんとういっとうどくさい》がくずれて、10月《がつ》の東西《とうざい》ドイツ統一《とういつ》へと進《すす》んでいきます。

東《ひがし》ヨーロッパ諸国《しょこく》の革命《かくめい》やベルリンの壁《かべ》の崩壊《ほうかい》に大《おお》きな役割《やくわり》をはたしたのが、国境《こっきょう》をこえて流《なが》れてくる電波《でんぱ》でした。東《ひがし》ヨーロッパの国民《こくみん》は日《ひ》ごろから西側《にしがわ》のテレビ放送《ほうそう》を見《み》ていました。政府《せいふ》が見《み》ることを禁止《きんし》しても、電波《でんぱ》は国境《こっきょう》をこえて流《なが》れてきたからです。西《にし》ドイツは、東《ひがし》ドイツとの国境地帯《こっきょうちたい》に7か所《しょ》、西《にし》ベルリン市内《しない》に1か所《しょ》、送信所《そうしんじょ》をもうけていました。これによって、東《ひがし》ドイツ全体《ぜんたい》の3分《ぶん》の2の地域《ちいき》で、西《にし》ドイツの放送《ほうそう》を見《み》ることができました。さらにイギリスの放送会社《ほうそうがいしゃ》が衛星放送《えいせいほうそう》を開始《かいし》して、東《ひがし》ヨーロッパのどの国《くに》でもイギリスからのテレビ放送《ほうそう》を見《み》ることができました。

東《ひがし》ヨーロッパ諸国《しょこく》の国民《こくみん》はテレビを見《み》て、西側《にしがわ》の情報《じょうほう》や生《せい》活水準《かつすいじゅん》の高《たか》さを知《し》り、それが改革《かいかく》の動《うご》きへとつながりました。国境《こっきょう》をこえた電波《でんぱ》が歴史《れきし》をかえる原動力《げんどうりょく》になったのです。

▼こわされたあとが生《なま》なましく残《のこ》るベルリンの壁《かべ》。壁《かべ》の一部《いちぶ》は現在《げんざい》、ベルリンの壁記念館《かべきねんかん》に残《のこ》されている。

池上解説

冷戦《れいせん》の終結《しゅうけつ》

ベルリンの壁《かべ》が崩壊《ほうかい》した直後《ちょくご》に、アメリカのブッシュ大統領《だいとうりょう》とソ連《れん》のゴルバチョフ書記長《しょきちょう》は地中海《ちちゅうかい》のマルタ島《とう》で会談《かいだん》して、44年間《ねんかん》にわたる冷戦《れいせん》の終《お》わりを宣言《せんげん》した。これが「マルタ会談《かいだん》」とよばれる東西陣営《とうざいじんえい》の歴史的《れきしてき》な会談《かいだん》なんだ。このあと、1991年《ねん》にはソ連《れん》が崩壊《ほうかい》して、冷戦《れいせん》は完全《かんぜん》に終結《しゅうけつ》することになったんだよ。

＊1 検問所《けんもんじょ》：国境《こっきょう》をこえる人《ひと》の出入《でい》りを国《くに》が管理《かんり》する場所《ばしょ》。

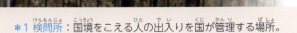

そのとき世界では？

ソ連解体《れんかいたい》

1989年《ねん》のマルタ会談《かいだん》で、アメリカとの冷戦終結《れいせんしゅうけつ》をはたしたゴルバチョフは、ソ連《れん》の改革《かいかく》をおしすすめていきます。彼《かれ》は、ソ連共産党《れんきょうさんとう》の独裁《どくさい》のもとで停滞《ていたい》した経済《けいざい》を立《た》てなおし、同時《どうじ》に情報公開《じょうほうこうかい》によって自由《じゆう》な言論《げんろん》を保障《ほしょう》することで、民主化《みんしゅか》された社会主義《しゃかいしゅぎ》をめざそうと考《かんが》えました。しかし、理《り》想《そう》に反《はん》して改革《かいかく》は進《すす》まず、ソ連共産党支配《れんきょうさんとうしはい》に対《たい》する国民《こくみん》の不《ふ》満《まん》はつのるばかりでした。

そこに乗《じょう》じて動《うご》きだしたのが、ソ連共産党内《れんきょうさんとうない》の保守派《ほしゅは》です。彼《かれ》らは、ゴルバチョフにまかせておいてはソ連《れん》が崩壊《ほうかい》すると危機感《ききかん》を抱《いだ》き、ゴルバチョフ追《お》いおとしをくわだてたのです。

1991年《ねん》8月《がつ》19日《にち》、ゴルバチョフの夏季休暇《かききゅうか》のすきをついて、ソ連政府高官《れんせいふこうかん》8人《にん》が、「国家非常事態委員会《こっかひじょうじたいいいんかい》」を設置《せっち》して、ゴルバチョフの解任《かいにん》を発表《はっぴょう》しました。8人《にん》はいずれもゴルバチョフの側近《そっきん》でありながら、ゴルバチョフを裏切《うらぎ》り、クーデター*1を起《お》こしたのです。

ここでエリツィンが登場《とうじょう》しました。彼《かれ》はソ連《れん》を構成《こうせい》する15の共和国《きょうわこく》の1つである「ロシア共和国《きょうわこく》」の大統領《だいとうりょう》でしたが、クーデター反対《はんたい》の先頭《せんとう》に立《た》って、国民《こくみん》に支持《しじ》をよびかけたのです。それに応《おう》じて、軍《ぐん》や特殊部隊《とくしゅぶたい》もクーデター派《は》の命令《めいれい》を拒否《きょひ》しました。この結果《けっか》、クーデターはあっけなく失敗《しっぱい》に終《お》わり、首謀者《しゅぼうしゃ》8人《にん》のうちの1人《ひとり》は自殺《じさつ》、残《のこ》る7人《にん》は逮捕《たいほ》。軟《なん》禁《きん》されていたゴルバチョフは解放《かいほう》されました。

写真：ロイター/アフロ

▲1991年《ねん》8月《がつ》のクーデター後《ご》、ロシア議会《ぎかい》で演説《えんぜつ》をおこなうゴルバチョフ（右《みぎ》）と、ロシア共和国大統領《きょうわこくだいとうりょう》のエリツィン（左《ひだり》）。この翌日《よくじつ》、ゴルバチョフはソ連共産党書記長《れんきょうさんとうしょきちょう》を辞任《じにん》し、エリツィンに実権《じっけん》が移《うつ》った。

*1 クーデター：武力《ぶりょく》などによる非合法《ひごうほう》なやり方《かた》で政権《せいけん》をうばうこと。

クーデター失敗《しっぱい》のニュースがソ連《れん》じゅうに伝《つた》わるや、各地《かくち》でレーニン*1像《ぞう》の破壊《はかい》が広《ひろ》がりました。ソ連建国《れんけんこく》の父《ちち》レーニンの銅像《どうぞう》をこわすことで、国民《こくみん》は体制《たいせい》に「ノー」の意思《いし》を伝《つた》えたのです。ソ連《れん》を構成《こうせい》していたエストニア、ラトビア、リトアニアは独立《どくりつ》を宣言《せんげん》します。クーデター後《ご》、実権《じっけん》がゴルバチョフからエリツィンに移《うつ》ります。エリツィンはやつぎばやに新方針《しんほうしん》を打《う》ちだしました。

まず、ソ連《れん》の国家財産《こっかざいさん》を自国《じこく》のロシア共和国《きょうわこく》に移《うつ》しました。ついで、ゴルバチョフのソ連共産党書記長《れんきょうさんとうしょきちょう》の辞任《じにん》とソ連共産《れんきょうさん》党《とう》の解散《かいさん》。これによって、約《やく》1800万人《まんにん》の党員《とういん》をもつソ連《れん》共産党《きょうさんとう》は一瞬《いっしゅん》で消滅《しょうめつ》しました。

1991年《ねん》12月《がつ》25日《にち》、ゴルバチョフは大統領《だいとうりょう》を辞任《じにん》。ソ連《れん》は正式《せいしき》に解体《かいたい》し、新《あたら》しく12の国家《こっか》で構成《こうせい》される独立国家共同《どくりつこっかきょうどう》体《たい》（CIS《シーアイエス》）がうまれました。これはそれまでのソ連《れん》とはことなり、単一《たんいつ》の国家組織《こっかそしき》ではありません。それぞれの国家《こっか》が条約《じょうやく》を結《むす》んでたがいに協力《きょうりょく》していこうというものでした。実際《じっさい》には、巨大《きょだい》な国《くに》ロシアとそのほかの11の国《くに》で成《な》りたつ組織《そしき》です。ソ連《れん》がもっていた財産《ざいさん》や外国《がいこく》との条約《じょうやく》などはロシアが継承《けいしょう》し、国連安全保障理事会《こくれんあんぜんほしょうりじかい》⇒P41の常任理事国《じょうにんりじこく》の立場《たちば》も自動的《じどうてき》にロシアが受《う》けつぎました。さらにソ連各地《れんかくち》に分散《ぶんさん》・保管《ほかん》されていた核兵器《かくへいき》（⇒P32）は、すべてロシア国内《こくない》にもちこまれました。

経済体制《けいざいたいせい》の面《めん》では、エリツィン大統領《だいとうりょう》は社会主義経済《しゃかいしゅぎけいざい》から資本主義経済《しほんしゅぎけいざい》への移行《いこう》を急速《きゅうそく》に進《すす》めました。その1つが商品《しょうひん》の値段《ねだん》の自由化《じゆうか》です。しかし、自由化《じゆうか》することで商品《しょうひん》の価格《かかく》をさげようという政策《せいさく》は失敗《しっぱい》に終《お》わり、逆《ぎゃく》に値段《ねだん》が急激《きゅうげき》にあがってしまったのです。資本主義経済《しほんしゅぎけいざい》を中途半端《ちゅうとはんぱ》に導入《どうにゅう》したからです。この結果《けっか》、国内《こくない》の経済《けいざい》は大混乱《だいこんらん》し、マフィア*2の暗躍《あんやく》まで許《ゆる》すことになったといわれています。

また、ソ連崩壊《れんほうかい》によって、各地《かくち》でロシア連邦《れんぽう》*3からの分離《ぶんり》・独立《どくりつ》をもとめる運動《うんどう》がさかんになってきました。なかでも急進的《きゅうしんてき》だったのが、カフカス地方《ちほう》のチェチェンです。ここで内戦《ないせん》が激化《げきか》したのをきっかけに、内戦《ないせん》の終息《しゅうそく》と独立阻止《どくりつそし》を名目《めいもく》に、エリツィンはロシア連邦軍《れんぽうぐん》を派遣《はけん》。1994年《ねん》、第《だい》一次《いちじ》チェチェン紛争《ふんそう》がはじまりました。2年後《ねんご》にいったんは和平《わへい》へとむかいますが、1999年《ねん》に再燃《さいねん》。ロシア国内《こくない》ではテロ事件《じけん》が多発《たはつ》しました。これに対《たい》して、エリツィンから首相《しゅしょう》に指名《しめい》されたばかりのプーチン⇒P42がチェチェン掃討作戦《そうとうさくせん》を展開《てんかい》し、ロシア国民《こくみん》もこれを支持《しじ》しました。

プーチンは2000年《ねん》の大統領選挙《だいとうりょうせんきょ》で圧勝《あっしょう》し、2008年《ねん》にはメドベージェフ⇒P43に大統領《だいとうりょう》をゆずって、自分《じぶん》は首相《しゅしょう》に就任《しゅうにん》。その後《ご》、大統領《だいとうりょう》に再選《さいせん》されて、「強《つよ》いロシア」建設《けんせつ》にむけた政策《せいさく》を打《う》ちだしています。

池上解説

ワルシャワ条約機構《じょうやくきこう》も解体《かいたい》

社会主義陣営《しゃかいしゅぎじんえい》の軍事同盟《ぐんじどうめい》であるワルシャワ条約機構《じょうやくきこう》（WTO《ダブリューティーオー》）も、ソ連《れん》に先《さき》がけて1991年《ねん》7月《がつ》に解体《かいたい》された。冷戦《れいせん》の終結《しゅうけつ》と東《ひがし》ヨーロッパでの革命《かくめい》がきっかけになったんだね。

*1 レーニン：1870～1924年《ねん》。1917年《ねん》、ロシア革命《かくめい》で史上初《しじょうはつ》の社会主義政権《しゃかいしゅぎせいけん》を樹立《じゅりつ》、ソ連建国《れんけんこく》の礎《いしずえ》を築《きず》いた。*2 マフィア：組織的《そしきてき》に犯罪《はんざい》をおこなう集団《しゅうだん》。*3 ロシア連邦《れんぽう》：1991年《ねん》12月《がつ》25日《にち》、ロシア共和国《きょうわこく》から改名《かいめい》。現在《げんざい》にいたる。

もっと知りたい！

ロシアという国《くに》

ソ連《れん》が誕生《たんじょう》する以前《いぜん》のロシアは、「ロシア帝国《ていこく》」とよばれていました。1721年《ねん》にロマノフ王朝《おうちょう》*1によってつくられ、長《なが》く専制時代《せんせいじだい》が続《つづ》きます。19世紀後半《せいきこうはん》には極東《きょくとう》*2への進出《しんしゅつ》をはかりますが、日本《にほん》とのあいだで日露戦争《にちろせんそう》が勃発《ぼっぱつ》（1904年《ねん》）。このとき敗北《はいぼく》したロシアは、サハリン*3の北緯《ほくい》50度《ど》以《い》南《なん》（南樺太《みなみからふと》）を日本《にほん》にゆずることになりました。

第一次世界大戦《だいいちじせかいたいせん》（⇒P31）ではロシアは戦勝国側《せんしょうこくがわ》についたものの、多《おお》くの戦死者《せんししゃ》を出《だ》し、国内経済《こくないけいざい》も急激《きゅうげき》に落《お》ちこみました。貧困《ひんこん》に苦《くる》しむ国民《こくみん》の不満《ふまん》が高《たか》まり、ロシア各地《かくち》で騒動《そうどう》が続発《ぞくはつ》。1917年《ねん》、2月革命《がつかくめい》*4が起《お》きて、ロマノフ王朝《おうちょう》は滅亡《めつぼう》しました。さらに同年《どうねん》10月《がつ》のロシア革命《かくめい》*5により、レーニン率《ひき》いるボルシェビキ（のちのソ連共産党《れんきょうさんとう》）が政権《せいけん》を掌《しょう》握《あく》。その後内戦《ごないせん》を経《へ》て、1922年《ねん》にソビエト社会主義共和《しゃかいしゅぎきょうわ》国連邦《こくれんぽう》（ソ連《れん》）が成立《せいりつ》しました。レーニンの死後《しご》、ソ連共産《れんきょうさん》党《とう》のトップとなったのがスターリン⇒P42です。

ソ連《れん》で一党独裁《いっとうどくさい》をおこなうソ連共産党《れんきょうさんとう》のトップは、ソ連《れん》という国《くに》の指導者《しどうしゃ》でもあります。スターリンが権力《けんりょく》をにぎっていた時代《じだい》、ソ連《れん》ではありとあらゆる災禍《さいか》がひきおこされました。粛清《しゅくせい》、餓死《がし》、強制労働《きょうせいろうどう》などで、いまだに正確《せいかく》な数字《すうじ》が判《はん》明《めい》しないほど膨大《ぼうだい》な数《かず》の人《ひと》びとが犠牲《ぎせい》になったのです。ただ当時《とうじ》はその実態《じったい》が明《あき》らかになりませんでした。

驚《おどろ》くべき事実《じじつ》が発表《はっぴょう》されたのは、スターリンの死後《しご》3年《ねん》がたってからです。1956年《ねん》2月《がつ》、ソ連共産党第《れんきょうさんとうだい》20回大会《かいたいかい》で、フルシチョフ⇒P43第一書記《だいいちしょき》が、スターリン時代《じだい》になにがおこなわれていたか、「秘密報告《ひみつほうこく》」をしたのです（スターリン批判《ひはん》）。その報告《ほうこく》によると、たとえばスターリン時代《じだい》の1934年党大会《ねんとうたいかい》のときには、ソ連共産党《れんきょうさんとう》の幹部《かんぶ》らが70%、代議員全体《だいぎいんぜんたい》で60%近《ちか》くも逮捕《たいほ》・処刑《しょけい》されたというのです。犠《ぎ》牲者《せいしゃ》は一般人《いっぱんじん》、軍人《ぐんじん》にもおよびました。どれくらいの人《ひと》たちが処刑《しょけい》されたり、強制収容所《きょうせいしゅうようじょ》に送《おく》られたりしたのか、はっきりしたデータがありませんが、少《すく》なくとも数百万人《すうひゃくまんにん》に達《たっ》するといわれています。

スターリンが犯《おか》したあやまちはこればかりではありません。「農業集団化《のうぎょうしゅうだんか》」によってソ連《れん》の農業《のうぎょう》を崩壊《ほうかい》させたのです。これは、富農《ふのう》は処刑《しょけい》、または強制収容所《きょうせいしゅうようじょ》に送《おく》り、貧農《ひんのう》は集団《しゅうだん》農場《のうじょう》ではたらかせるという政策《せいさく》でした。このために農作物《のうさくぶつ》の生産量《せいさんりょう》が激減《げきげん》。多《おお》くの農民《のうみん》が餓死《がし》しました。この食料不足《しょくりょうぶそく》はソ連崩壊《れんほうかい》まで続《つづ》きます。さらにチェチェンなどの少数民族《しょうすうみんぞく》に対《たい》しても強制移転《きょうせいいてん》などの弾圧《だんあつ》を加《くわ》えました。今日《こんにち》のロシアを取《と》りまく民族紛争《みんぞくふんそう》の種《たね》はスターリンがまいたのです。

こうして、フルシチョフによってスターリンの暗黒政治《あんこくせいじ》、恐怖政治《きょうふせいじ》の実態《じったい》があばかれましたが、そのおもな原因《げんいん》であるソ連共産党《れんきょうさんとう》の一党独裁《いっとうどくさい》は、ゴルバチョフ書記長《しょきちょう》の登場《とうじょう》までかわらないままでした。

*1 ロマノフ王朝《おうちょう》：1613年《ねん》から1917年《ねん》のロシア革命《かくめい》まで続《つづ》いた、ロシアの最後《さいご》の王朝《おうちょう》。1721年《ねん》にはピョートル1世《せい》が皇帝《こうてい》となり、国名《こくめい》をロシア帝国《ていこく》とした。 *2 極東《きょくとう》：日本《にほん》、中国東部《ちゅうごくとうぶ》、朝鮮《ちょうせん》、シベリア東部《とうぶ》などのこと。

ソ連対日参戦《れんたいにちさんせん》

ソ連《れん》について、日本人《にほんじん》は忘《わす》れられないことがあります。それは第二次世界大戦末期《だいにじせかいたいせんまっき》の 1945 年《ねん》8月《がつ》9日《ここのか》、ソ連《れん》が参戦《さんせん》したことです。ソ連《れん》は、日本《にほん》の北方領土《ほっぽうりょうど》を占領《せんりょう》し、満州《まんしゅう》にいた日本人《にほんじん》を捕虜《ほりょ》として拘束《こうそく》しました。そのようすを、マンガ家《か》の上田《うえだ》トシコさんが絵《え》にえがいています。絵《え》の解説《かいせつ》を、評論家《ひょうろんか》の石子《いしこ》順《じゅん》さんが書《か》きました。

©上田トシコ

昭和《しょうわ》二十年四月《にじゅうねんしがつ》から八月《はちがつ》まで上田《うえだ》トシコは満州日日新聞《まんしゅうにちにちしんぶん》に勤《つと》めていた。敗戦《はいせん》とともに生活《せいかつ》は逆転《ぎゃくてん》し、ソ連《れん》軍《ぐん》の進駐《しんちゅう》でハルピンも混乱《こんらん》をきわめた。これはその当時《とうじ》、目撃《もくげき》したシーンである。日本人《にほんじん》の男《おとこ》たちはソ連《れん》軍《ぐん》に使役《しえき》のために捕《とら》えられ、シベリア送《おく》りとなった。
そういう不運《ふうん》な人《ひと》たちの一群《いちぐん》を描《えが》き、時計《とけい》をいくつも腕《うで》にしたソ連兵《れんへい》を描《えが》いて、戦争《せんそう》に負《ま》けたものと勝《か》ったものを対比《たいひ》している。『昭和二十年の絵手紙　私の八月十五日』(ミナトレナトス、2004年)より

ただし、戦争《せんそう》の敗者《はいしゃ》の悲惨《ひさん》な現実《げんじつ》は、この絵《え》の何百《なんびゃく》、何千倍《なんぜんばい》だったと考《かんが》えなければならないでしょう。

＊3 サハリン：北海道《ほっかいどう》の北《きた》にある南北《なんぼく》に長《なが》い島《しま》。樺太《からふと》ともよばれる。 ＊4 2月革命《がつかくめい》：食料不足《しょくりょうぶそく》から民衆《みんしゅう》が蜂起《ほうき》し、ロマノフ王朝《おうちょう》は崩壊《ほうかい》して臨時政府《りんじせいふ》が成立《せいりつ》。 ＊5 ロシア革命《かくめい》：レーニンが権力《けんりょく》をにぎり、世界初《せかいはつ》の社会主義政権《しゃかいしゅぎせいけん》を樹立《じゅりつ》した。

もっと知りたい！ 冷戦終結は宇宙から!?

▼史上初の月面着陸をはたしたアポロ11号。

▶船外での宇宙遊泳を可能にしたボスホート2号。

▶3人乗りのボスホート1号。

▲世界初の女性宇宙飛行士テレシコワ。

▼マーキュリー6号で宇宙へいったジョン・グレン。

▲はじめて宇宙へいったガガーリン。

冷戦時代のソ連とアメリカは、どちらの国が先に人間を宇宙に送るかを競ってきました。ソ連が1961年4月12日、ガガーリン※1を乗せた宇宙船ボストーク1号を打ちあげ、地球への帰還に成功。ガガーリンは、人類初の宇宙旅行者となりました。ソ連に先をこされたアメリカは、1962年2月20日、アトラス・ロケットで発射されたマーキュリー6号によって人間の宇宙飛行を成功させました。しかし、ソ連はその後も、宇宙船どうしの編隊飛行の成功、世界初の女性宇宙飛行士の誕生など、常にアメリカに先んじていました。3人乗りの宇宙船、世界初の宇宙遊泳などでも、ソ連がアメリカの一歩先を走っていました。アメリカがソ連に追いつき、追いこしたのは、1969年7月20日、有人宇宙船アポロ11号※2が月面着陸に成功した瞬間でした。

※1 ガガーリン：1934〜1968年。ソ連の宇宙飛行士。人類史上はじめて宇宙へいき、「地球は青かった」という言葉を残した。※2 アポロ11号：アメリカの宇宙船。アームストロング船長らを乗せ、月面の「静かの海」に着陸した。

1995年《ねん》、ロシアの宇宙《うちゅう》ステーション「ミール」（上《うえ》）とドッキングしたアメリカのスペースシャトル「アトランティス」。

しかしソ連《れん》は、1971年《ねん》、宇宙飛行士《うちゅうひこうし》が長期間滞在《ちょうきかんたいざい》できる宇宙《うちゅう》ステーション*1「サリュート1号《ごう》」を地球周回軌《ちきゅうしゅうかいき》道《どう》に乗《の》せました。その後《ご》7号《ごう》まで打《う》ちあげ、本格的《ほんかくてき》な宇宙《うちゅう》実験《じっけん》をおこないました。1986年《ねん》には、第《だい》2世代《せだい》とよばれた宇宙《うちゅう》ステーション「ミール」を地球周回軌道《ちきゅうしゅうかいきどう》に乗《の》せるなど、ふたたびアメリカに先《さき》んじました。1990年《ねん》12月《がつ》、日本《にほん》のジャーナリストの秋山豊寛《あきやまとよひろ》*2さんが、日本人《にほんじん》としてはじめて宇宙《うちゅう》に飛《と》びだしたときに乗《の》りこんだ宇宙船《うちゅうせん》もソ連《れん》の「ミール」でした。

ところが月面着陸《げつめんちゃくりく》を成功《せいこう》させたアメリカでは、1960年代後半《ねんだいこうはん》になると、宇宙開発競争《うちゅうかいはつきょうそう》にかける予算《よさん》が国家財政《こっかざいせい》を圧迫《あっぱく》し、国民《こくみん》に負担《ふたん》をかけることになります。しだいに経済状況《けいざいじょうきょう》は悪化《あっか》していきました。ソ連《れん》も同《おな》じでした。

アメリカでは、アポロ計画《けいかく》を見《み》なおし、宇宙開発《うちゅうかいはつ》をアメリカ一国《いっこく》だけでおこなうのではなく、ソ連《れん》をはじめ国際的《こくさいてき》に協力《きょうりょく》しながらおこなっていくことにしました。当時《とうじ》、地《ち》球上《きゅうじょう》は冷戦《れいせん》の真《ま》っ最中《さいちゅう》でしたが、宇宙《うちゅう》では冷戦《れいせん》は得策《とくさく》ではなかったのです。こうして、激《はげ》しかったソ連《れん》とアメリカの宇宙開発競争《うちゅうかいはつきょうそう》もひとまず幕《まく》をおろしました。

国際宇宙《こくさいうちゅう》ステーション計画《けいかく》は、1984年《ねん》にアメリカのレーガン⇒P43大統領《だいとうりょう》が提唱《ていしょう》したもので、その後《ご》の冷戦終《れいせんしゅう》結《けつ》のさきがけとなりました。アメリカのよびかけで、ヨーロッパの国《くに》ぐにや日本《にほん》、カナダが参加《さんか》。冷戦《れいせん》が終《お》わり、ロシアも加《くわ》わって、1998年《ねん》11月《がつ》には国際宇宙《こくさいうちゅう》ステーション（ISS《アイエスエス》）の建設《けんせつ》がはじまりました。

*1 宇宙《うちゅう》ステーション：宇宙空間《うちゅうくうかん》で人《ひと》が長期間滞在《ちょうきかんたいざい》し、実験《じっけん》などをおこなう施設《しせつ》。 *2 秋山豊寛《あきやまとよひろ》：1942年《ねん》〜。放送《ほうそう》局《きょく》の特派員《とくはいん》として、ソ連《れん》の宇宙船《うちゅうせん》で宇宙《うちゅう》に飛《と》びたちミールに滞在《たいざい》。宇宙《うちゅう》での実験《じっけん》や生活《せいかつ》のようすを取材《しゅざい》し地上《ちじょう》へ伝《つた》えた。

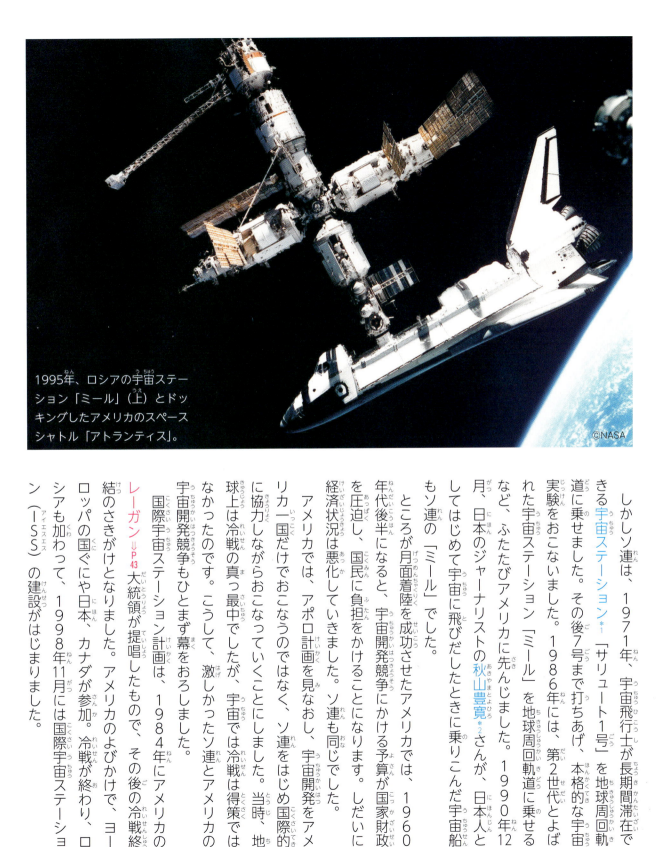

そのとき日本では？

雲仙普賢岳《うんぜんふげんだけ》で大火砕流《だいかさいりゅう》発生《はっせい》

日本《にほん》で平成時代《へいせいじだい》がはじまった1989年《ねん》は、世界史《せかいし》においてもなにか特別《とくべつ》の年《とし》であるかのようにさまざまなできごとがはじまり、その後数年間《ごすうねんかん》は世界各地《せかいかくち》に激震《げきしん》が走《はし》りました。日本《にほん》では、政治《せいじ》、経済《けいざい》、社会《しゃかい》の変化《へんか》ばかりでなく、自然界《しぜんかい》でも日本《にほん》じゅうを驚《おどろ》かせる大事件《だいじけん》が起《お》こりました。1990年《ねん》に起《お》こった突然《とつぜん》の火山《かざん》の大噴火《だいふんか》もその1つです。

▲雲仙普賢岳《うんぜんふげんだけ》では1990年《ねん》11月《がつ》の噴火《ふんか》以降《いこう》たびたび噴火活動《ふんかかつどう》が観測《かんそく》され、1991年《ねん》6月《がつ》に発生《はっせい》した火砕流《かさいりゅう》（写《しゃ》真《しん》）はとくに大規模《だいきぼ》なものとなった。

写真：島原市提供

かつて火山《かざん》は、「活火山《かっかざん》」「休火山《きゅうかざん》」「死火山《しかざん》」の3つに分《ぶん》類《るい》されていました。ところが現在《げんざい》では「活火山《かっかざん》」と「それ以《い》外《がい》の山《やま》」にわけられています。「活火山《かっかざん》」とは、「およそ1万《まん》年《ねん》以内《いない》に噴火《ふんか》した火山《かざん》と現在活発《げんざいかっぱつ》に活動《かつどう》している火山《かざん》」（気《き》象庁《しょうちょう》）と定義《ていぎ》されています。日本《にほん》は世界有数《せかいゆうすう》の火山国《かざんこく》で、世《せ》界《かい》に1500以上《いじょう》ある活火山《かっかざん》の約《やく》7％が集中《しゅうちゅう》しています。このなかには、浅間山《あさまやま》＊1や桜島《さくらじま》＊2などのように、たえず噴煙《ふんえん》をあげている活火山《かっかざん》がある一方《いっぽう》で、100年《ねん》、200年《ねん》のあいだ噴火《ふんか》していない活火山《かっかざん》もあります。

後者《こうしゃ》の1つが長崎県《ながさきけん》の雲仙普賢岳《うんぜんふげんだけ》でした。この火山《かざん》は江戸《えど》時代《じだい》の1792年《ねん》に大規模《だいきぼ》な噴火《ふんか》を起《お》こしています。このときには、山《やま》がくずれて大量《たいりょう》の土砂《どしゃ》が島原城下《しまばらじょうか》（現在《げんざい》の長崎《ながさき》県《けん》）を通《とお》って有明海《ありあけかい》に流《なが》れこみ、津波《つなみ》が発生《はっせい》。津波《つなみ》は対岸《たいがん》の肥後《ひご》（現在《げんざい》の熊本県《くまもとけん》）におしよせて、非常《ひじょう》に大《おお》きな被害《ひがい》をもたらしました。記録《きろく》によると、死者《ししゃ》・行方不明者《ゆくえふめいしゃ》は約《やく》1万《まん》5000人《にん》とされ、「島原大変肥後迷惑《しまばらたいへんひごめいわく》」とよばれています。

これ以降《いこう》、活動《かつどう》はおさまっていましたが、1990年《ねん》11月《がつ》17日《にち》に突然噴火《とつぜんふんか》。200年《ねん》ぶりのことでした。小規模《しょうきぼ》な噴火《ふんか》をくりかえしたあと、山頂付近《さんちょうふきん》に巨大《きょだい》な溶岩《ようがん》ドーム＊3が誕《たん》生《じょう》。翌年《よくねん》、このドームの一部《いちぶ》がくずれて大規模《だいきぼ》な火砕流《かさいりゅう》が起《お》こり、研究者《けんきゅうしゃ》、消防団員《しょうぼうだんいん》、報道関係者《ほうどうかんけいしゃ》ら43人《にん》が亡《な》くなりました。火砕流《かさいりゅう》のスピードは時速《じそく》100km以上《いじょう》、温度《おんど》は数百度《すうひゃくど》にもなったといわれています。

もっと知りたい！ 日本《にほん》の火山《かざん》

世界有数《せかいゆうすう》の火山国《かざんこく》である日本《にほん》には、2014年現在《ねんげんざい》、全国《ぜんこく》に活火山《かっかざん》が110あります（北方領土《ほっぽうりょうど》をふくむ）。そのうち、気象庁《きしょうちょう》が選定《せんてい》している「火山防災《かざんぼうさい》のために監視《かんし》・観測体制《かんそくたいせい》の充実等《じゅうじつとう》の必要《ひつよう》がある火山《かざん》」は、左《ひだり》の47があります。

気象庁ホームページより作成

＊1 浅間山《あさまやま》：長野県《ながのけん》と群馬県《ぐんまけん》にまたがる活火山《かっかざん》。標高《ひょうこう》は2568m。 ＊2 桜島《さくらじま》：鹿児島県《かごしまけん》の鹿児島湾《かごしまわん》に位置《いち》する活火山《かっかざん》。北岳《きただけ》、中岳《なかだけ》、南岳《みなみだけ》などからなる。 ＊3 溶岩《ようがん》ドーム：噴火《ふんか》によって出《で》てきた溶岩《ようがん》が盛《も》りあがった状態《じょうたい》でかたまったもの。

パート2 バブルの崩壊《ほうかい》

1989年《ねん》に冷戦《れいせん》という戦後《せんご》の国際社会《こくさいしゃかい》の秩序《ちつじょ》が終《お》わった直後《ちょくご》、イラクのクウェート侵攻《しんこう》と湾《わん》岸《がん》戦争《せんそう》がはじまります。一方《いっぽう》、日本《にほん》にとってもきびしい時代《じだい》の到来《とうらい》です。バブル⇓P42が崩壊《ほうかい》して、あとに残《のこ》ったのは、膨大《ぼうだい》な不良債権《ふりょうさいけん》*1の山《やま》でした。

そのとき世界では？

イラクのクウェート侵攻《しんこう》

イラクのフセイン⇓P42大統領《だいとうりょう》はかねてから、周辺《しゅうへん》の国《くに》ぐにを併合《へいごう》して巨大《きょだい》な帝国《ていこく》を築《きず》こうという野望《やぼう》をもっていました。その野望《やぼう》を実現《じつげん》するために、1979年《ねん》の革命《かくめい》の混乱状《こんらんじょう》態《たい》が続《つづ》いていたイランを攻撃《こうげき》。イラン・イラク戦争《せんそう》⇓P41をしかけました。しかし、双方《そうほう》とも勝敗《しょうはい》がつかないまま終息《しゅうそく》。イラクには戦争《せんそう》による借金《しゃっきん》900億《おく》ドルが残《のこ》りました。

そこでフセインが目《め》をつけたのは、隣国《りんごく》のクウェートです。クウェートは小国《しょうこく》でありながら、石油資源《せきゆしげん》が豊富《ほうふ》にある豊《ゆた》かな国《くに》です。しかも、クウェートが戦争中《せんそうちゅう》にイラクを支援《しえん》しなかったことに、フセインは強《つよ》い不満《ふまん》をもっていました。クウェートが手《て》に入《はい》れば、借金《しゃっきん》を返《かえ》すことができる。冷戦《れいせん》が終《お》わった直後《ちょくご》だから、クウェート侵攻《しんこう》に対《たい》しても国際的《こくさいてき》な非《ひ》難《なん》をあびることはないだろうと、フセインは考《かんが》えたといわれています。

1990年《ねん》8月2日《がつふつか》、イラクの大戦車部隊《だいせんしゃぶたい》がクウェートに侵攻《しんこう》。10万人《まんにん》の兵士《へいし》は、6時間後《じかんご》には首都《しゅと》のクウェート市《し》を制圧《せいあつ》して、またたくまにクウェート全土《ぜんど》を占領《せんりょう》しました。8日《ようか》には、クウェートを併合《へいごう》して、イラクのバスラ州《しゅう》の一部《いちぶ》にしたと発表《はっぴょう》しました。

しかし国際社会《こくさいしゃかい》は、20世紀後半《せいきこうはん》の現代社会《げんだいしゃかい》でこのような野《や》蛮《ばん》な軍事行動《ぐんじこうどう》がおこなわれたことに大《おお》きなショックを受《う》け、フセインをきびしく批判《ひはん》しました。

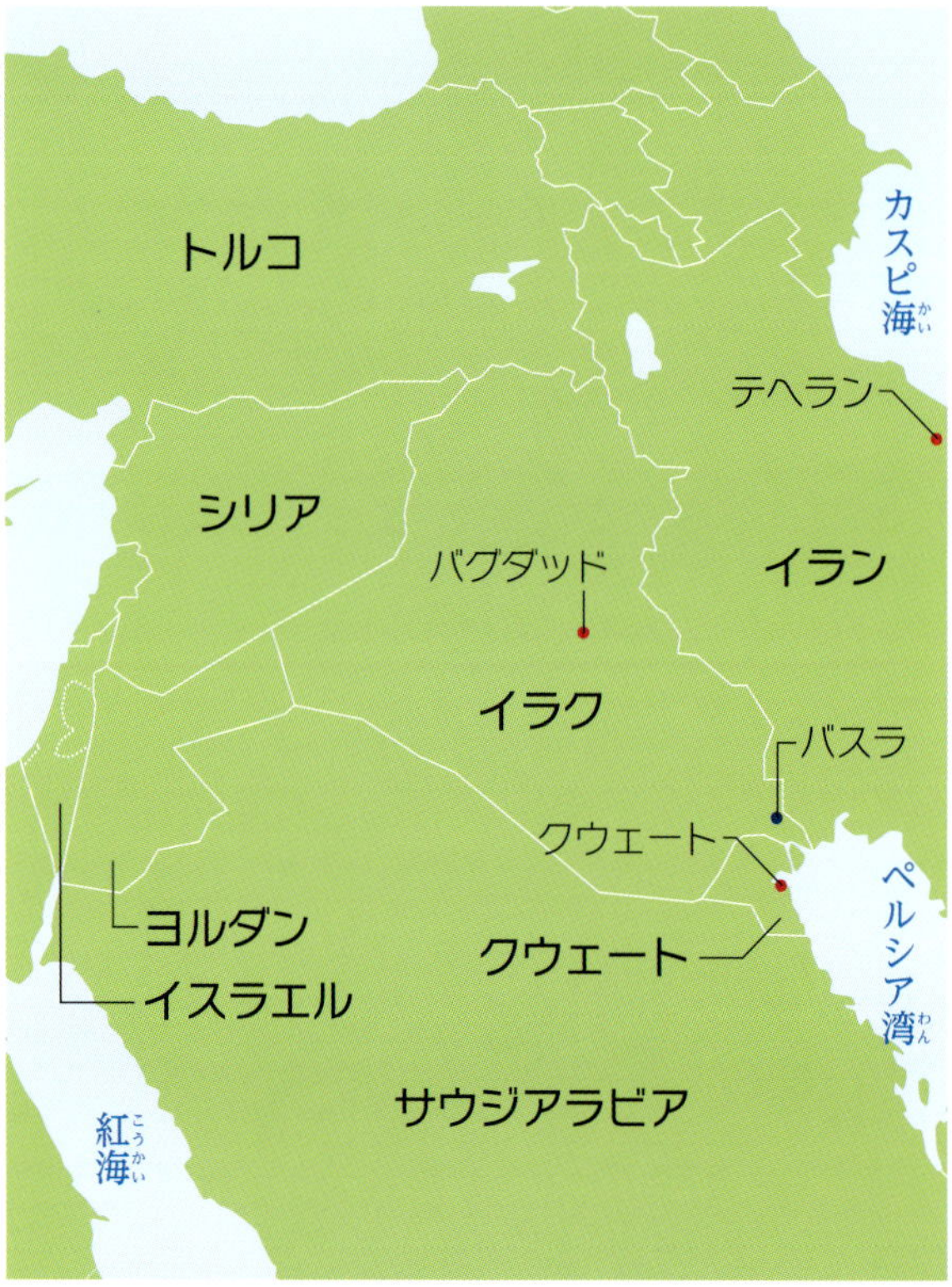

＊1 不良債権《ふりょうさいけん》：銀行《ぎんこう》から企業《きぎょう》などに貸《か》したお金《かね》のうち、借《か》りた側《がわ》の経営《けいえい》の悪化《あっか》などにより、返《かえ》ってくる見込《みこ》みの少《すく》ないもの。

そのとき世界では？

湾岸戦争《わんがんせんそう》

イラクのクウェート侵攻当日《しんこうとうじつ》、国際連合《こくさいれんごう》（国連《こくれん》）⇒P41は国《こく》連安全保障理事会《れんあんぜんほしょうりじかい》を開《ひら》いて、イラク軍《ぐん》の無条件撤退《むじょうけんてったい》を要求《ようきゅう》する決議《けつぎ》を採択《さいたく》。ついで、1991年《ねん》1月《がつ》15日《にち》までに撤退《てったい》しない場合《ばあい》、イラク軍排除《ぐんはいじょ》のためのあらゆる手段《しゅだん》をとることを認《みと》めました。アメリカ軍《ぐん》を中心《ちゅうしん》とした多国籍軍《たこくせきぐん》の約《やく》84万《まん》の兵士《へいし》がイラク攻撃《こうげき》の準備《じゅんび》を進《すす》めました。1月《がつ》17日《にち》、多国籍軍《たこくせきぐん》はイラクの首都《しゅと》バグダッドなどを空爆《くうばく》。するとイラクはイスラエルへミサイル＊1攻撃《こうげき》。イスラエルを戦争《せんそう》にひきこむことで、反《はん》イスラエルのアラブ諸国《しょこく》⇒P41の支持《しじ》を得《え》ようと考《かんが》えたからです。しかし、イスラエルは応戦《おうせん》しませんでした。その後《ご》1か月《げつ》にわたる空爆《くうばく》を続《つづ》けたあとに地上軍《ちじょうぐん》が軍事行動《ぐんじこうどう》を展開《てんかい》。イラク軍《ぐん》に占領《せんりょう》されていたクウェートを制圧《せいあつ》し、4月《がつ》には戦争《せんそう》は終結《しゅうけつ》しました。

この湾岸戦争《わんがんせんそう》ではアメリカ軍《ぐん》の徹底《てってい》したメディア管理《かんり》のもと、空爆《くうばく》やミサイル攻撃《こうげき》の映像《えいぞう》が全世界《ぜんせかい》のテレビで流《なが》れ、大人《おとな》も子《こ》どももテレビゲームを見《み》ているような気《き》にさせられました。また、日本《にほん》は130億《おく》ドルの支援金《しえんきん》を拠出《きょしゅつ》し、日本《にほん》の国際貢献《こくさいこうけん》のあり方《かた》についての議論《ぎろん》が起《お》こりました。政府《せいふ》は賛否両論《さんぴりょうろん》があるなか、「PKO協力法《ピーケイオーきょうりょくほう》＊2」を成立《せいりつ》させました。

湾岸戦争《わんがんせんそう》は冷戦《れいせん》が終《お》わったことで起《お》きた戦争《せんそう》であるとともに、冷戦終結《れいせんしゅうけつ》のゆえに、アメリカ、ソ連《れん》をふくむ国際的《こくさいてき》なイラク包囲網《ほういもう》が実現《じつげん》したともいえる戦争《せんそう》です。

▲湾岸戦争《わんがんせんそう》でアメリカ軍《ぐん》がイラク軍《ぐん》のミサイル撃墜《げきつい》のために使用《しよう》した「パトリオットミサイル」の航跡《こうせき》。　写真：AP/アフロ

池上解説

ニンテンドー・ウォーとよばれた戦争《せんそう》

アメリカでは、「ニンテンドー」（任天堂《にんてんどう》）はゲーム機《き》の代名詞《だいめいし》としてつかわれているよ。湾《わん》岸戦争《がんせんそう》のとき、イラクの建物《たてもの》や兵器《へいき》が正確《せいかく》に爆撃《ばくげき》されていくようすが赤外線《せきがいせん》カメラなどからうつしだされ、これがゲームのようだとして、「ニンテンドー・ウォー」とよばれたんだ。

＊1 ミサイル：目標《もくひょう》にむかって飛《と》んでいき、攻撃《こうげき》をする兵器《へいき》。　＊2 PKO協力法《ピーケイオーきょうりょくほう》：正式名称《せいしきめいしょう》は「国際連合平和維持活動《こくさいれんごうへいわいじかつどう》等《とう》に対《たい》する協力《きょうりょく》に関《かん》する法律《ほうりつ》」。1992年制定《ねんせいてい》。日本《にほん》がPKO《ピーケイオー》（国連平和維持活動《こくれんへいわいじかつどう》）などに協力《きょうりょく》をおこなうための法律《ほうりつ》。

そのとき世界では？

地球《ちきゅう》サミット開《ひら》かれる

地球《ちきゅう》サミットは、正式《せいしき》には「国連環境開発会議《こくれんかんきょうかいはつかいぎ》」といい、国境《こっきょう》をこえて地球環境問題《ちきゅうかんきょうもんだい》に取《と》りくむことを話《はな》しあうための会議《かいぎ》です。1972年《ねん》にスウェーデンのストックホルムで開催《かいさい》された「国連人間環境会議《こくれんにんげんかんきょうかいぎ》」から20年《ねん》の節目《ふしめ》にあたる1992年《ねん》6月《がつ》に、ブラジルのリオデジャネイロで開《ひら》かれました。ここには172か国《こく》の政府代表《せいふだいひょう》、国際機関《こくさいきかん》、NGO《エヌジーオー》*1などが参加《さんか》して、大《おお》きな盛《も》りあがりを見《み》せました。

おもに話《はな》しあわれたのは次《つぎ》のようなことです。

・地球温暖化《ちきゅうおんだんか》*2問題《もんだい》。
・貧困《ひんこん》をなくすこと。
・生物多様性《せいぶつたようせい》*3の保全《ほぜん》。
・砂漠化防止《さばくかぼうし》。
・大気保全《たいきほぜん》。
・有害化学物質《ゆうがいかがくぶっしつ》の管理《かんり》。
・有害廃棄物《ゆうがいはいきぶつ》の移動禁止《いどうきんし》。

しかしこのときも、先進国《せんしんこく》と途上国《とじょうこく》のあいだで、援助《えんじょ》をめぐって意見《いけん》の対立《たいりつ》が表面化《ひょうめんか》しました。

会議《かいぎ》では、開発《かいはつ》と環境《かんきょう》の両立《りょうりつ》をはかることなどをうたったリオデジャネイロ宣言《せんげん》を採択《さいたく》。そのほか、生物多様性条約《せいぶつたようせいじょうやく》の署名《しょめい》がはじまり、気候変動枠組条約《きこうへんどうわくぐみじょうやく》、森林原則声明《しんりんげんそくせいめい》、さらにこれらの条約《じょうやく》を具体的《ぐたいてき》に実行《じっこう》するための行動計画《こうどうけいかく》「アジェンダ21」が採択《さいたく》されました。

▲1992年《ねん》に開《ひら》かれた地球《ちきゅう》サミットの会場《かいじょう》。

写真：RIBEIRO ANTONIO/GAMMAアフロ

*1 NGO《エヌジーオー》：非政府組織《ひせいふそしき》。平和《へいわ》や人権《じんけん》などの問題《もんだい》に取《と》りくむ民間組織《みんかんそしき》。 *2 地球温暖化《ちきゅうおんだんか》：温室効果《おんしつこうか》ガスの影響《えいきょう》で地球《ちきゅう》の平均気温《へいきんきおん》が上昇《じょうしょう》すること。 *3 生物多様性《せいぶつたようせい》：ある環境《かんきょう》に、さまざまなことなる生物《せいぶつ》が存在《そんざい》すること。

そのとき日本では？

国内《こくない》の環境意識《かんきょういしき》の高《たか》まり

1980年代《ねんだい》に入《はい》ったころから日本《にほん》では、オゾン層破壊《そうはかい》、地球温暖化《ちきゅうおんだんか》の問題《もんだい》が深刻《しんこく》になってきました。こうした流《なが》れを受《う》けて1992年《ねん》に開《ひら》かれたのが地球《ちきゅう》サミットでした。日本《にほん》では、その翌年《よくねん》に「公害対策基本法《こうがいたいさくきほんほう》」を廃止《はいし》。あらたに「環境基本法《かんきょうきほんほう》*1」を制定《せいてい》しました。それまでの公害問題《こうがいもんだい》が、「環境問題《かんきょうもんだい》」というさらに大《おお》きな視点《してん》で取《と》りあつかわれることになったのです。

そもそも日本《にほん》では1950年代《ねんだい》から60年代《ねんだい》にかけて多発《たはつ》した公害《こうがい》を教訓《きょうくん》に、厚生省《こうせいしょう》（現在《げんざい》の厚生労働省《こうせいろうどうしょう》）に公害課《こうがいか》が設置《せっち》されました。さらに1967年《ねん》には、「公害対策基本法《こうがいたいさくきほんほう》」が施行《しこう》されました。この法律《ほうりつ》の対象《たいしょう》は、大気汚染《たいきおせん》、水質汚濁《すいしつおだく》、騒音《そうおん》、振動《しんどう》、地盤沈下《じばんちんか》、悪臭《あくしゅう》の6種類《しゅるい》でした。

1971年《ねん》には環境庁《かんきょうちょう》（2001年《ねん》に環境省《かんきょうしょう》に昇格《しょうかく》）が誕生《たんじょう》。初代長官《しょだいちょうかん》の大石武一《おおいしぶいち》*2は就任後《しゅうにんご》まもなく、尾瀬《おぜ》*3の自然保護《しぜんほご》に取《と》りくみ、道路《どうろ》の建設計画《けんせつけいかく》を中止《ちゅうし》させました。しかし環境庁《かんきょうちょう》は、経済成長《けいざいせいちょう》を重視《じゅうし》する通産省《つうさんしょう》（現在《げんざい》の経済産業省《けいざいさんぎょうしょう》）などとしばしば対立《たいりつ》。この構造《こうぞう》はいまでも続《つづ》いています。

環境庁発足《かんきょうちょうほっそく》の翌年《よくねん》、国土《こくど》の乱開発《らんかいはつ》から自然《しぜん》を保護《ほご》するために、「自然環境保全法《しぜんかんきょうほぜんほう》」が制定《せいてい》されました。ほぼ同時期《どうじき》に、スウェーデンで「国連人間環境会議《こくれんにんげんかんきょうかいぎ》」が開催《かいさい》。国際社会全体《こくさいしゃかいぜんたい》で環境問題《かんきょうもんだい》に取《と》りくむことが話《はな》しあわれ、「人間環境宣言《にんげんかんきょうせんげん》」としてまとめられました。

▲ミズバショウほか、貴重《きちょう》な植物《しょくぶつ》をはぐくむ尾瀬《おぜ》。戦後《せんご》、ダムや道路《どうろ》の建設計画《けんせつけいかく》がたびたびもちあがったが、自然保護活動《しぜんほごかつどう》により守《まも》られてきた。

*1 環境基本法《かんきょうきほんほう》：1993年制定《ねんせいてい》。日本《にほん》の環境政策《かんきょうせいさく》について定《さだ》めた法律《ほうりつ》。 *2 大石武一《おおいしぶいち》：1909～2003年《ねん》。衆議院議員《しゅうぎいんぎいん》ののち環境庁《かんきょうちょう》の実質的《じっしつてき》な初代長官《しょだいちょうかん》をつとめる。 *3 尾瀬《おぜ》：福島県《ふくしまけん》、新潟県《にいがたけん》、群馬県《ぐんまけん》にまたがる高原地域《こうげんちいき》。

そのとき日本では？

バブル崩壊《ほうかい》

日本国内《にほんこくない》では、1980年代半《ねんだいなか》ばからはじまったバブルによって、株価《かぶか》*1や地価《ちか》が急上昇《きゅうじょうしょう》し、経済《けいざい》の異常《いじょう》な過熱状態《かねつじょうたい》が続《つづ》いていました。しばらく静観《せいかん》していた政府《せいふ》と日本銀行《にっぽんぎんこう》もようやく危機感《ききかん》をもって、公定歩合《こうていぶあい》*2のひきあげを検討《けんとう》しはじめました。公定歩合《こうていぶあい》をひきあげれば、貸《か》しだし金利《きんり》があがって、企業《きぎょう》が銀行《ぎんこう》からかんたんに資金《しきん》を借《か》りられなくなります。こうすることで、過熱《かねつ》した景気《けいき》を冷《ひ》やそうと考《かんが》えたのです。

▲ブラック・マンデーの衝撃《しょうげき》を伝《つた》えるアメリカの新聞《しんぶん》。影響《えいきょう》は世界《せかい》へ広《ひろ》がった。　写真：AP/アフロ

ところがその矢先《やさき》にアメリカから株価暴落《かぶかぼうらく》のニュースが飛《と》びこんできました。1987年《ねん》10月《がつ》19日《にち》、ニューヨーク株式《かぶしき》市場《しじょう》で、平均株価《へいきんかぶか》が過去最大《かこさいだい》の値《ね》さがりをしたというのです。この原因《げんいん》として次《つぎ》のことがいわれました。経済《けいざい》が過熱《かねつ》した日本《にほん》と西《にし》ドイツはいずれ金利《きんり》をひきあげるだろう。その分《ぶん》、アメリカの金利《きんり》は低《ひく》くなる。それをきらった投資家《とうしか》が海外《かいがい》への投資《とうし》にむかう。そうなると、アメリカの株式市場《かぶしきしじょう》から資金《しきん》をひきあげるから、株価《かぶか》がさがる。その前《まえ》に株《かぶ》を売《う》ってしまおう。アメリカの投資家《とうしか》たちはそう考《かんが》えて、いっせいに株《かぶ》を売《う》りました。その結果《けっか》、本当《ほんとう》に株《かぶ》の大暴落《だいぼうらく》を招《まね》いてしまったのです。大暴落《だいぼうらく》の日《ひ》は月曜日《げつようび》だったので、この日《ひ》は、「ブラック・マンデー」（暗黒《あんこく》の月《げつ》曜日《ようび》）とよばれています。

*1 株価《かぶか》：企業《きぎょう》が発行《はっこう》する株式《かぶしき》の値段《ねだん》。景気《けいき》の指標《しひょう》としてもちいられる。
*2 公定歩合《こうていぶあい》：日本銀行《にっぽんぎんこう》が、銀行《ぎんこう》などにお金《かね》を貸《か》すときの金利《きんり》のこと。

この大暴落《だいぼうらく》を受《う》けて、日本《にほん》はアメリカへの配慮《はいりょ》から、金利《きんり》ひきあげを見《み》おくりました。日本《にほん》の金利《きんり》をあげると、アメリカ国内《こくない》からの資金流出《しきんりゅうしゅつ》が進行《しんこう》して、アメリカの株価《かぶか》がさらにさがり、アメリカの景気《けいき》に悪影響《あくえいきょう》がおよぶと考《かんが》えたのです。このとき、西《にし》ドイツは金利《きんり》をひきあげてバブルをまぬかれましたが、日本《にほん》は金利《きんり》ひきあげをちゅうちょしていました。このことがいっそうバブルを大《おお》きくしてしまい、金利《きんり》ひきあげをおこなったのは、1989年《ねん》になってからでした。

1990年《ねん》、政府《せいふ》は銀行《ぎんこう》に対《たい》して、不動産業者《ふどうさんぎょうしゃ》に資《し》金《きん》を貸《か》しださないようにする「総量規制《そうりょうきせい》」を打《う》ちだし、わずか1年《ねん》3か月《げつ》のあいだに金利《きんり》は2・5%から6%に上昇《じょうしょう》させました。

この結果《けっか》、業者《ぎょうしゃ》は銀行《ぎんこう》からお金《かね》を借《か》りられなくなり、あらたに土地《とち》を買《か》う人《ひと》がいなくなりました。そうなると土地《とち》の値段《ねだん》が下落《げらく》し、そのぶん損《そん》が出《で》て、それをうめるために手持《ても》ちの株《かぶ》を売《ばい》却《きゃく》し、株《かぶ》の値段《ねだん》も連動《れんどう》して暴落《ぼうらく》。あっというまにバブルが崩《ほう》壊《かい》したのです。残《のこ》ったのは、売《う》れなくなった土地《とち》と、土地《とち》を担保《たんぽ》*1に銀行《ぎんこう》から借《か》りていた借金《しゃっきん》でした。

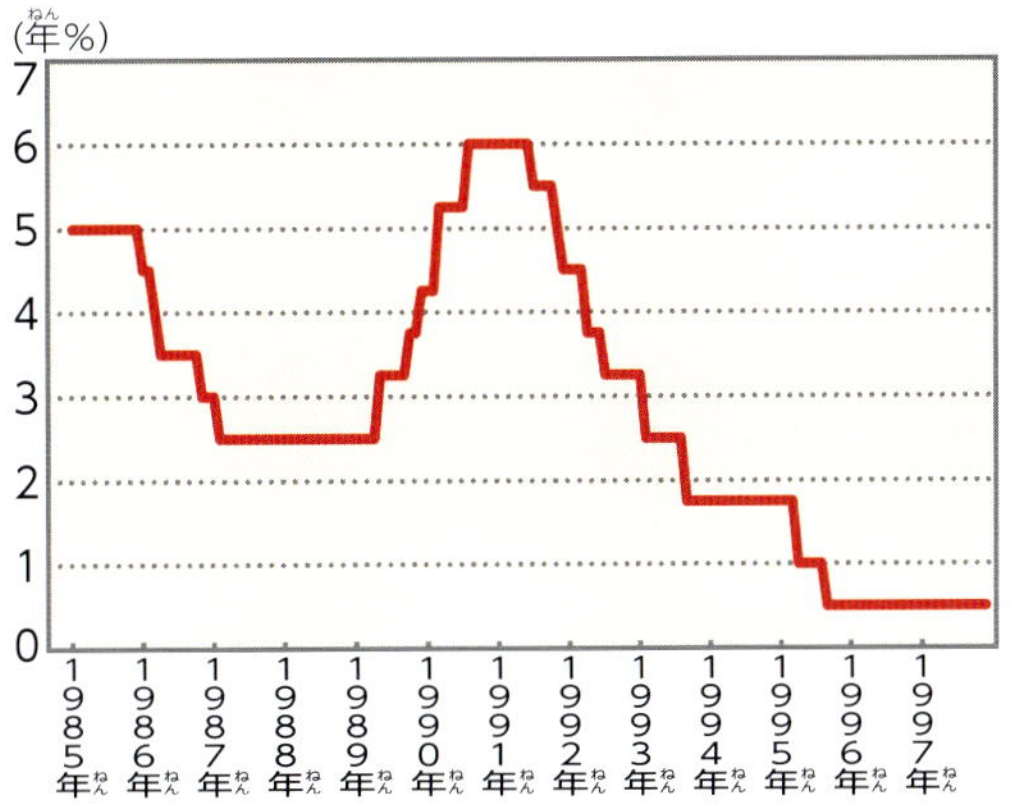

バブル崩壊前後《ほうかいぜんご》の日本銀行《にっぽんぎんこう》の金利《きんり》

日本銀行時系列統計データ「基準割引率および基準貸付利率」より作成

銀行《ぎんこう》は貸《か》していたお金《かね》を返《かえ》してもらえなくなり、担保《たんぽ》の土《と》地《ち》の値段《ねだん》もさがりました。これが「不良債権《ふりょうさいけん》」となりました。1992年《ねん》10月《がつ》に大蔵省《おおくらしょう》(現在《げんざい》の財務省《ざいむしょう》)が発表《はっぴょう》した都市銀《としぎん》行《こう》21行《こう》の不良債権額《ふりょうさいけんがく》は、12兆《ちょう》3000億円《おくえん》とされています。膨大《ぼうだい》な不良債権《ふりょうさいけん》をかかえた金融機関《きんゆうきかん》は身《み》うごきがとれなくなり、経営破綻《けいえいはたん》するところが出《で》てきました。その1つが住専《じゅうせん》*2です。住専《じゅうせん》は約《やく》6兆《ちょう》4000億円《おくえん》にものぼる損失《そんしつ》をかかえ、その処理《しょり》には公的資金《こうてきしきん》が6850億円《おくえん》もつかわれました。

その後《ご》もバブル崩壊《ほうかい》のツケが表面化《ひょうめんか》し、1997年《ねん》には三《さん》洋証券《ようしょうけん》、北海道拓殖銀行《ほっかいどうたくしょくぎんこう》、山一證券《やまいちしょうけん》がいずれも経営破綻《けいえいはたん》。バブルにうかれていた日本《にほん》は、深刻《しんこく》な不況《ふきょう》におちいったのです。

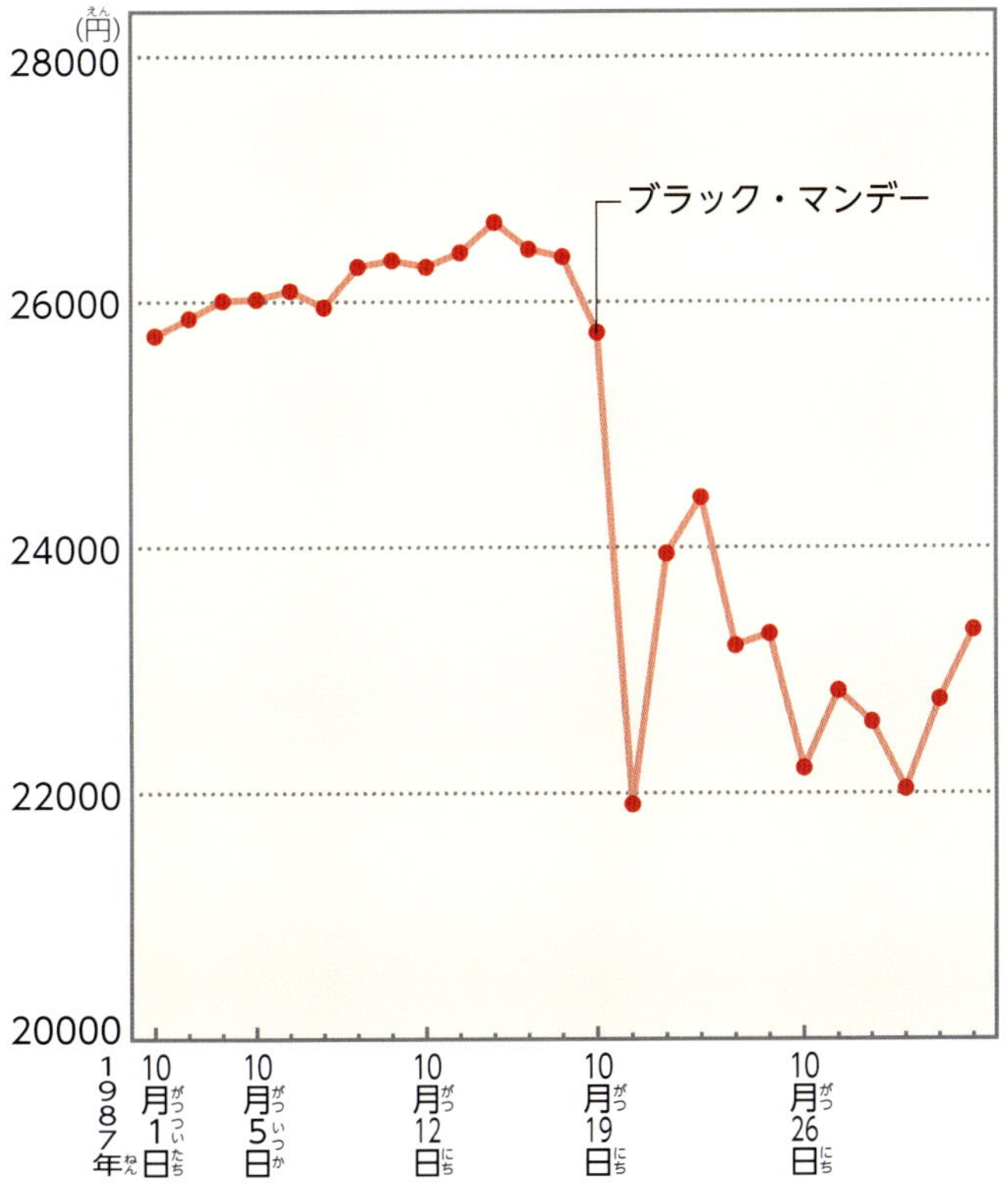

ブラック・マンデー前後《ぜんご》の日経平均株価《にっけいへいきんかぶか》

日本経済新聞社『日経平均プロフィル』年次データ(終値)より作成

*1 担保《たんぽ》:借《か》りたお金《かね》が返《かえ》せなくなったときのために、かわりとして確保《かくほ》しておくもの。
*2 住専《じゅうせん》:住宅金融専門会社《じゅうたくきんゆうせんもんがいしゃ》。1970年代《ねんだい》にあいついで設立《せつりつ》された、住宅《じゅうたく》ローンを専門的《せんもんてき》にあつかう金融業者《きんゆうぎょうしゃ》のこと。

そのとき日本では？

この時代《じだい》の日本《にほん》の子《こ》どもたち

平成時代《へいせいじだい》に入《はい》ってまもなくバブルが崩壊《ほうかい》し、世《よ》の中《なか》に不景《ふけい》気感《きかん》がただよいはじめます。銀行《ぎんこう》や企業《きぎょう》は膨大《ぼうだい》な不良債権《ふりょうさいけん》をかかえ、経営破綻《けいえいはたん》する会社《かいしゃ》も出《で》てきました。

長期化《ちょうきか》する不況《ふきょう》を背景《はいけい》に、人《ひと》びとの消費意欲《しょうひいよく》も低下《ていか》して、百貨店《ひゃっかてん》やスーパーの売上《うりあげ》が減少《げんしょう》。かわりにコンビニの売上《うりあげ》が増《ふ》えていきます。町《まち》に次《つぎ》つぎにできたコンビニに、子《こ》どもたちもいきはじめます。

この時代《じだい》、国連総会《こくれんそうかい》では「子《こ》どもの権利条約《けんりじょうやく》」が採択《さいたく》されました（1989年《ねん》）。これは18歳未満《さいみまん》を児童《じどう》（子《こ》ども）と定義《ていぎ》し、子《こ》どもの基本的人権《きほんてきじんけん》を保障《ほしょう》するために定《さだ》められた54条《じょう》からなる条約《じょうやく》です。「生《い》きる権利《けんり》」「守《まも》られる権利《けんり》」「育《そだ》つ権利《けんり》」「参加《さんか》する権利《けんり》」の4つが大《おお》きな柱《はしら》になっています。

同《おな》じ年《とし》に、小学校低学年《しょうがっこうていがくねん》に「生活科《せいかつか》」の新設《しんせつ》が決定《けってい》。1990年《ねん》には第《だい》1回《かい》大学入試《だいがくにゅうし》センター試験《しけん》*1もおこなわれました。マンガでは「クレヨンしんちゃん」（臼井儀人《うすいよしと》）が大人気《だいにんき》。テレビアニメの「ちびまる子《こ》ちゃん」（さくらももこ）も高視聴率《こうしちょうりつ》を誇《ほこ》る人気番組《にんきばんぐみ》でした。

一方《いっぽう》、子《こ》どもたちがかかえている問題《もんだい》が深刻化《しんこくか》してきました。1991年《ねん》の文部省《もんぶしょう》（現在《げんざい》の文部科学省《もんぶかがくしょう》）の発表《はっぴょう》では、学《がっ》校《こう》の保健室《ほけんしつ》が悩《なや》みをもつ子《こ》どもたちの「かけこみ寺《でら》」になっていて、登校《とうこう》しても保健室《ほけんしつ》ですごす子《こ》どもは小学校《しょうがっこう》で7・1%、中学校《ちゅうがっこう》で23・2%、高校《こうこう》で8・1%になるとされています。

▲1993年《ねん》、東京都内《とうきょうとない》の小学校《しょうがっこう》の入学式《にゅうがくしき》。　写真：東京都提供

1994年《ねん》には、いじめを受《う》けていた愛知県《あいちけん》の中学《ちゅうがく》2年生《ねんせい》の男子《だんし》が自殺《じさつ》するという痛《いた》ましい事件《じけん》がありました。このころからいじめが大《おお》きな問題《もんだい》になります。

*1 大学入試《だいがくにゅうし》センター試験《しけん》：全国《ぜんこく》の多《おお》くの大学《だいがく》に共通《きょうつう》する入学試験《にゅうがくしけん》。1979年《ねん》からおこなわれた大学共通第一次学力試験《だいがくきょうつうだいいちじがくりょくしけん》（共通一次試験《きょうつういちじしけん》）にかわり、2014年現在《ねんげんざい》まで毎年《まいとし》いっせいにおこなわれている。

もっと知りたい! 子《こ》どもの権利条約《けんりじょうやく》

子《こ》どもの時代《じだい》をどんなふうにすごすかによって、どんな大人《おとな》になるかがかわるといわれ、子《こ》ども時代《じだい》はとても大切《たいせつ》な時期《じき》だと考《かんが》えられています。

「子《こ》どもの権利条約《けんりじょうやく》」は、そんな子《こ》ども時代《じだい》を誰《だれ》もが豊《ゆた》かにすごすことができるようにという願《ねが》いをこめてつくられた条約《じょうやく》です。1989年《ねん》の11月《がつ》20日《はつか》、国連総会《こくれんそうかい》で全会一致《ぜんかいいっち》で採択《さいたく》されました。

子《こ》どもの権利《けんり》について多《おお》くの人《ひと》が関心《かんしん》をもつようになったきっかけは、1914年《ねん》に起《お》こった第一次世界大戦《だいいちじせかいたいせん》*1でした。この戦争《せんそう》で数多《かずおお》くの子《こ》どもが犠牲《ぎせい》になり、生《い》きのびた子《こ》どもも、心《こころ》やからだに大《おお》きな傷《きず》を負《お》いました。このことへの反省《はんせい》から「罪《つみ》のない子《こ》どもたちを守《まも》るために、人類全体《じんるいぜんたい》が責任《せきにん》を負《お》わなくてはならない」と考《かんが》えられるようになったのです。

1924年《ねん》、「児童《じどう》の権利《けんり》に関《かん》するジュネーブ宣言《せんげん》*2」がつくられ、子《こ》どもの権利《けんり》についての最初《さいしょ》の国際的《こくさいてき》な宣言《せんげん》となりました。しかし、まもなく第二次世界大戦《だいにじせかいたいせん》が起《お》こり、ふたたび世界《せかい》じゅうの子《こ》どもが戦争《せんそう》の犠牲《ぎせい》となってしまいました。戦後《せんご》、二度《にど》とあやまちをくりかえさないように、国連《こくれん》によって「世界人権宣言《せかいじんけんせんげん》」(1948年《ねん》)、「児童権利宣言《じどうけんりせんげん》」(1959年《ねん》)などが定《さだ》められ、これらの宣言《せんげん》を受《う》けつぎ、進《すす》めるための国際条約《こくさいじょうやく》として、10年《ねん》以上《いじょう》かけてつくられたのが、「子《こ》どもの権利条約《けんりじょうやく》」でした。

子《こ》どもの権利《けんり》の年表《ねんぴょう》

1914～1918年《ねん》	第一次世界大戦《だいいちじせかいたいせん》
1920年《ねん》	国際連盟《こくさいれんめい》が設立《せつりつ》される
1924年《ねん》	児童《じどう》の権利《けんり》に関《かん》するジュネーブ宣言《せんげん》が採択《さいたく》される
1939～1945年《ねん》	第二次世界大戦《だいにじせかいたいせん》
1945年《ねん》	国際連合《こくさいれんごう》が設立《せつりつ》される
1948年《ねん》	世界人権宣言《せかいじんけんせんげん》が採択《さいたく》される
1951年《ねん》	日本《にほん》で児童憲章《じどうけんしょう》がつくられる
1959年《ねん》	児童権利宣言《じどうけんりせんげん》が採択《さいたく》される
1966年《ねん》	国際人権規約《こくさいじんけんきやく》が採択《さいたく》される
1979年《ねん》	国際児童年《こくさいじどうねん》
1989年《ねん》	子《こ》どもの権利条約《けんりじょうやく》が採択《さいたく》される
1990年《ねん》	子《こ》どものための世界《せかい》サミットが開《ひら》かれる
1994年《ねん》	日本《にほん》が子《こ》どもの権利条約《けんりじょうやく》を批准《ひじゅん》

▶児童労働《じどうろうどう》は子《こ》どもの権利《けんり》をそこなうものとして、国際労働機関《こくさいろうどうきかん》(ILO《アイエルオー》)により規制《きせい》されている。

*1 第一次世界大戦《だいいちじせかいたいせん》:1914～1918年《ねん》。ヨーロッパを中心《ちゅうしん》に30か国以上《こくいじょう》が戦《たたか》い、大《おお》きな被害《ひがい》がもたらされた。
*2 児童《じどう》の権利《けんり》に関《かん》するジュネーブ宣言《せんげん》:1924年《ねん》、国際連盟《こくさいれんめい》で採択《さいたく》。戦争《せんそう》から子《こ》どもを守《まも》る必要《ひつよう》を国際社会《こくさいしゃかい》で確認《かくにん》した。

そのとき世界では？

世界《せかい》の核兵器《かくへいき》をめぐる動《うご》き

冷戦時代《れいせんじだい》も末期《まっき》ともなると、それまで核《かく》の脅威《きょうい》のもとで均衡《きんこう》が保《たも》たれてきた世界《せかい》に変化《へんか》が起《お》こりました。世界《せかい》の2大核《だいかく》大国《たいこく》のアメリカのレーガン大統領《だいとうりょう》とソ連《れん》のゴルバチョフ書記《しょき》長《ちょう》により「中距離核兵器《ちゅうきょりかくへいき》（INF《アイエヌエフ》）全廃条約《ぜんぱいじょうやく》」が調印《ちょういん》され（1987年《ねん》）、ここではじめて核兵器《かくへいき》*1削減《さくげん》が約束《やくそく》されたのです。結果《けっか》、射程《しゃてい》500km以上《いじょう》5500km以下《いか》の兵器《へいき》が全廃《ぜんぱい》になり、アメリカはミサイル866発《はつ》、ソ連《れん》は1752発《はつ》を廃棄《はいき》しました。しかし、この協定《きょうてい》は中距離《ちゅうきょり》ミサイルを対象《たいしょう》にしたもので、戦略核兵器《せんりゃくかくへいき》の削減《さくげん》ではありませんでした。

1989年《ねん》に、アメリカのブッシュ大統領《だいとうりょう》とソ連《れん》のゴルバチョフ書記長《しょきちょう》が冷戦《れいせん》の終結《しゅうけつ》を宣言《せんげん》。1991年《ねん》に「第一次《だいいちじ》戦《せん》略兵器削減条約《りゃくへいきさくげんじょうやく》（START《スタート》Ⅰ《ワン》）」に調印《ちょういん》しました。これは、戦略核兵器《せんりゃくかくへいき》を運搬《うんぱん》する手段《しゅだん》（大陸間弾道《たいりくかんだんどう》ミサイル、潜水艦《せんすいかん》発《はっ》射弾道《しゃだんどう》ミサイル、戦略爆撃機《せんりゃくばくげきき》）を7年間《ねんかん》で1600に削減《さくげん》し、さらに戦略《せんりゃく》核弾頭《かくだんとう》*2数《すう》を6000に減《へ》らすという内容《ないよう》です。

1993年《ねん》には、ブッシュ大統領《だいとうりょう》とロシアのエリツィン大《だい》統領《とうりょう》により「第二次戦略兵器削減条約《だいにじせんりゃくへいきさくげんじょうやく》（START《スタート》Ⅱ《ツー》）」が調印《ちょういん》されました。ここでは、両国《りょうこく》とも、戦略核弾頭《せんりゃくかくだんとう》をそれぞれ3000ないし3500に削減《さくげん》することと、多弾頭《ただんとう》（1つのミサイルに複数《ふくすう》の弾頭《だんとう》を搭載《とうさい》すること）の大陸間弾道弾《たいりくかんだんどうだん》を全廃《ぜんぱい》することを約束《やくそく》したのです。

もっと知りたい！「戦略核兵器《せんりゃくかくへいき》」とは

戦場《せんじょう》でつかえるように爆発力《ばくはつりょく》を小《ち》さくしたものが「戦術核《せんじゅつかく》兵器《へいき》」であるのに対《たい》し、相手国《あいてこく》を壊滅《かいめつ》させるだけの威力《いりょく》をもつ核兵器《かくへいき》（原子爆弾《げんしばくだん》）のことを「戦略核兵器《せんりゃくかくへいき》」といいます。アメリカのニクソン大統領《だいとうりょう》とソ連《れん》のブレジネフ書記長《しょきちょう》は、1972年《ねん》、第一次戦略兵器制限交渉《だいいちじせんりゃくへいきせいげんこうしょう》（SALT《ソルト》Ⅰ《ワン》）と弾《だん》道弾迎撃《どうだんげいげき》ミサイル制限条約《せいげんじょうやく》（ABM《エイビーエム》制限条約《せいげんじょうやく》）の調印《ちょういん》をおこないました。前者《ぜんしゃ》は、核兵器《かくへいき》の増大《ぞうだい》に制限《せいげん》をもうけるもの。後者《こうしゃ》は、たがいに自国《じこく》の防衛《ぼうえい》をやめることで、先制攻《せんせいこう》撃《げき》をおさえるという発想《はっそう》のもとに、相手《あいて》から発射《はっしゃ》されたミサイルを撃《う》ちおとすことはしないという協定《きょうてい》です。1979年《ねん》、アメリカのカーター大統領《だいとうりょう》とソ連《れん》のブレジネフ書記長《しょきちょう》が第二次戦略兵器制限交渉《だいにじせんりゃくへいきせいげんこうしょう》（SALT《ソルト》Ⅱ《ツー》）に調《ちょう》印《いん》。戦略兵器《せんりゃくへいき》の保有数《ほゆうすう》を両国《りょうこく》とも2250に制限《せいげん》しました。

▲戦後《せんご》たびたびおこなわれた核兵器《かくへいき》の実験《じっけん》。写真《しゃしん》は1953年《ねん》、アメリカがネヴァダ州《しゅう》でおこなったもの。

写真：Science Photo Library/アフロ

＊1 核兵器《かくへいき》：核反応《かくはんのう》のエネルギーをつかった、原爆《げんばく》や水爆《すいばく》などの兵器《へいき》。非常《ひじょう》に大《おお》きな破壊力《はかいりょく》をもつ。
＊2 核弾頭《かくだんとう》：核反応《かくはんのう》を起《お》こす、ミサイルの先端部分《せんたんぶぶん》。

そのとき日本では？

戦後《せんご》の核反対《かくはんたい》の歴史《れきし》

日本《にほん》の核反対運動《かくはんたいうんどう》は、1954年《ねん》の第五福竜丸《だいごふくりゅうまる》*1の被曝《ひばく》をきっかけに大《おお》きく動《うご》きはじめました。翌《よく》55年《ねん》に原水爆禁止日本協議会《げんすいばくきんしにほんきょうぎかい》（原水協《げんすいきょう》）が発足《ほっそく》。高度経済成長《こうどけいざいせいちょう》*2期《き》には核兵器反対《かくへいきはんたい》（反核《はんかく》）運動《うんどう》が盛《も》りあがりました。しかし当時《とうじ》、アメリカ、ソ連《れん》による東西冷戦《とうざいれいせん》のまっただなかにあったために、反核運動《はんかくうんどう》は冷戦《れいせん》の影響《えいきょう》を強《つよ》く受《う》け、結果《けっか》、1965年《ねん》に原水爆禁止日本国民会議《げんすいばくきんしにほんこくみんかいぎ》（原水禁《げんすいきん》）が原水協《げんすいきょう》から分裂《ぶんれつ》して発足《ほっそく》。被曝者《ひばくしゃ》の団体《だんたい》である日本原水爆被害者団体協議会《にほんげんすいばくひがいしゃだんたいきょうぎかい》（被団協《ひだんきょう》）も同《おな》じように分裂《ぶんれつ》していました。以後《いご》、対立《たいりつ》が続《つづ》いています。

核兵器《かくへいき》への反対運動《はんたいうんどう》が盛《も》りあがる一方《いっぽう》で、1970年代《ねんだい》ごろから原子力発電所《げんしりょくはつでんしょ》（原発《げんぱつ》）関連施設《かんれんしせつ》や原子力商船《げんしりょくしょうせん》*3を対象《たいしょう》とした反核運動《はんかくうんどう》がさかんになります。原子力商船《げんしりょくしょうせん》「むつ」の放射線《ほうしゃせん》もれ事故《じこ》（1974年《ねん》）をきっかけに、青森県《あおもりけん》むつ市《し》でむつの入港反対運動《にゅうこうはんたいうんどう》が起《お》こったのはその最初《さいしょ》の動《うご》きです。

平成《へいせい》に入《はい》ってからは、あいついで原発事故《げんぱつじこ》が発生《はっせい》しました。関西電力美浜原発《かんさいでんりょくみはまげんぱつ》での原子炉自動停止事故《げんしろじどうていしじこ》（1991年《ねん》）、東北電力女川原発《とうほくでんりょくおながわげんぱつ》での蒸気《じょうき》もれ事故《じこ》（1991年《ねん》）、日本原子力発電敦賀原発《にほんげんしりょくはつでんつるがげんぱつ》での冷却水《れいきゃくすい》もれ事故《じこ》（1996年《ねん》）などです。高速増殖炉《こうそくぞうしょくろ》「もんじゅ」のナトリウムもれ事故《じこ》（1995年《ねん》）や東海村《とうかいむら》の核燃料施設《かくねんりょうしせつ》での被曝事故《ひばくじこ》（1997年《ねん》、1999年《ねん》）も起《お》こりました。これらの事故《じこ》を機《き》に、反核運動《はんかくうんどう》は反原発運動《はんげんぱつうんどう》へと大《おお》きく発展《はってん》していきます。原発《げんぱつ》のある地域《ちいき》では原発運転停止《げんぱつうんてんていし》などをもとめる訴訟《そしょう》も起《お》こされました。

そして2011年《ねん》3月《がつ》11日《にち》、東日本大震災《ひがしにほんだいしんさい》による東京電力《とうきょうでんりょく》福島第一原発《ふくしまだいいちげんぱつ》の事故《じこ》が起《お》きました。この事故《じこ》は世界《せかい》に大《おお》きな衝撃《しょうげき》をあたえ、日本国内《にほんこくない》でも、「ヒロシマ・ナガサキ・フクシマ」をスローガンに、各地《かくち》で反原発《はんげんぱつ》のデモや集会《しゅうかい》がくりひろげられました。

▲1974年《ねん》10月《がつ》、出港《しゅっこう》から50日《にち》ぶりに青森県《あおもりけん》むつ市《し》の港《みなと》にもどった原子力商船《げんしりょくしょうせん》「むつ」。海上《かいじょう》で放射線《ほうしゃせん》もれ事故《じこ》を起《お》こしたむつの入港《にゅうこう》に対《たい》しては、市民《しみん》の反対運動《はんたいうんどう》が起《お》こっていた。

写真：共同通信社/ユニフォトプレス

*1 第五福竜丸《だいごふくりゅうまる》：1954年《ねん》、ビキニ環礁《かんしょう》でアメリカの水爆実験《すいばくじっけん》により被曝《ひばく》した日本《にほん》の漁船《ぎょせん》。 *2 高度経済成長《こうどけいざいせいちょう》：1950年代半《ねんだいなか》ばから1973年《ねん》までの日本《にほん》の急激《きゅうげき》な経済発展《けいざいはってん》。 *3 原子力商船《げんしりょくしょうせん》：原子力《げんしりょく》を動力《どうりょく》とし、人《ひと》やものを運《はこ》ぶ船《ふね》。

そのとき世界では？

オスロ合意《ごうい》に調印《ちょういん》

アメリカとソ連《れん》のあいだで核兵器削減《かくへいきさくげん》が話《はな》しあわれる一方《いっぽう》、それ以外《いがい》の国《くに》では核開発《かくかいはつ》がおこなわれていきました。長《なが》く紛争《ふんそう》が続《つづ》いていたイスラエルも、核開発《かくかいはつ》が当時《とうじ》からうたがわれていました。

そのイスラエルのガザ地区《ちく》*1で1987年《ねん》、パレスチナ住民《じゅうみん》がイスラエル軍《ぐん》に対《たい》して抵抗運動《ていこううんどう》を開始《かいし》。武装《ぶそう》した兵士《へいし》にむかって、非武装《ひぶそう》の住民《じゅうみん》が石《いし》を投《な》げる行動《こうどう》に出《で》たのです。これは「インティファーダ」（アラビア語《ご》で「払《はら》いのける」の意味《いみ》）とよばれ、1993年《ねん》まで続《つづ》きました。この衝突《しょうとつ》でパレスチナ側《がわ》に1000人以上《にんいじょう》の死者《ししゃ》と数万人《すうまんにん》の負傷者《ふしょうしゃ》が出《で》ました。投石《とうせき》する子《こ》どもがイスラエル軍兵士《ぐんへいし》に銃撃《じゅうげき》される場面《ばめん》などが映像《えいぞう》で流《なが》れて、パレスチナ人《じん》への同情《どうじょう》と、イスラエルの占領《せんりょう》に対《たい》する国際社会《こくさいしゃかい》の批判《ひはん》が強《つよ》まっていきました。

こうした事態《じたい》に、ノルウェーのホルスト*2外相《がいしょう》が仲介《ちゅうかい》に乗《の》りだし、1993年《ねん》9月《がつ》、パレスチナ自治《じち》をめざす合意《ごうい》が成立《せいりつ》しました。交渉《こうしょう》はノルウェーの首都《しゅと》オスロでおこなわれたので、これを「オスロ合意《ごうい》⇒P41」とよんでいます。この合意《ごうい》の内容《ないよう》は、イスラエルはヨルダン川西岸地区《がわせいがんちく》とガザ地区《ちく》から順次撤退《じゅんじてったい》し、パレスチナ住民《じゅうみん》は選挙《せんきょ》で代表《だいひょう》を選《えら》び、自治《じち》を開始《かいし》するというものです。これにもとづいて選挙《せんきょ》を実施《じっし》。大統領《だいとうりょう》にあたるパレスチナ自治評議会議長《じちひょうぎかいぎちょう》にアラファト⇒P41が選《えら》ばれました。

池上解説

「中東《ちゅうとう》」とは？

イスラエルやイラクなどの地域《ちいき》を「中東《ちゅうとう》」というけれど、これはイギリスから見《み》たいい方《かた》なんだ。かつてイギリスが植民地《しょくみんち》にしていたインドより手前《てまえ》にある地域《ちいき》なので、「中東《ちゅうとう》」（中《ちゅう》くらいの東《ひがし》）というんだ。

▲オスロ合意《ごうい》が調印《ちょういん》され握手《あくしゅ》をかわすPLO《ピーエルオー》のアラファト議長《ぎちょう》（右《みぎ》）とイスラエルのラビン首相《しゅしょう》（左《ひだり》）。中央《ちゅうおう》はアメリカのクリントン大統領《だいとうりょう》。

写真：AP/アフロ

*1 ガザ地区《ちく》：地中海《ちちゅうかい》に面《めん》した地域《ちいき》。2014年現在《ねんげんざい》、ヨルダン川西岸地区《がわせいがんちく》とともにパレスチナ自治区《じちく》となっている。

*2 ホルスト：1937～1994年《ねん》。ノルウェーの外務大臣《がいむだいじん》としてオスロ合意《ごうい》の調印《ちょういん》に力《ちから》をつくした。

もっと知りたい！ 戦後《せんご》のイスラエル

イスラエルは、1948年《ねん》5月《がつ》14日《か》、国連《こくれん》での「パレスチナ分割《ぶんかつ》」決議《けつぎ》にもとづいて建国《けんこく》されました。「パレスチナ分《ぶん》割《かつ》」は、パレスチナの56％の地域《ちいき》に「ユダヤ人《じん》＊1国家《こっか》」（イスラエル）を、43％の地域《ちいき》に「アラブ国家《こっか》」の建設《けんせつ》を認《みと》めるという内容《ないよう》です。ところが、周辺《しゅうへん》のアラブ諸国《しょこく》はイスラエル建国《けんこく》を認《みと》めず、翌《よく》15日《にち》、アラブ連合軍《れんごうぐん》（エジプト、シリア、ヨルダン、レバノン、イラク）がイスラエルを攻撃《こうげき》。中東戦《ちゅうとうせん》争《そう》がはじまりました。戦争《せんそう》は4回《かい》にわたって起《お》き、最初《さいしょ》の戦《せん》争《そう》を第一次中東戦争《だいいちじちゅうとうせんそう》とよんでいます。

第一次中東戦争《だいいちじちゅうとうせんそう》で、イスラエルが勝利《しょうり》。このとき、イスラエルは国連決議《こくれんけつぎ》に反《はん》して、パレスチナ全体《ぜんたい》の77％の地域《ちいき》を占《せん》領《りょう》しました。そのほかの地域《ちいき》は、ヨルダン川西岸地区《がわせいがんちく》をヨルダンが、ガザ地区《ちく》をエジプトが占領《せんりょう》。パレスチナは3分割《ぶんかつ》されました。エルサレム＊2は、西側《にしがわ》をイスラエルが、聖地《せいち》がある東側《ひがしがわ》をヨルダンが占領《せんりょう》しました。

その後《ご》の3回《かい》の戦争《せんそう》を経《へ》て、イスラエルは、ヨルダン川《がわ》西《せい》岸《がん》地区《ちく》とガザ地区《ちく》、さらにシリア領《りょう》のゴラン高原《こうげん》も占領《せんりょう》しました。ヨルダンが支配《しはい》していた東《ひがし》エルサレムも占領《せんりょう》したことで、イスラエルは、3つの宗教《しゅうきょう》（キリスト教《きょう》、ユダヤ教《きょう》、イスラム教《きょう》）の聖地《せいち》がある旧市街地《きゅうしがいち》も手《て》に入《い》れました。その上《うえ》でエルサレムを首都《しゅと》と宣言《せんげん》したのです。しかし、この行動《こうどう》が国連決議《こくれんけつぎ》に反《はん》したために、国際社会《こくさいしゃかい》はいまでもエルサレムをイスラエルの首都《しゅと》とは認《みと》めていません。このため、各国《かっこく》の大《たい》使館《しかん》は、テルアヴィヴにおかれています。

4回《かい》の戦争《せんそう》の結果《けっか》、戦火《せんか》をのがれて、多《おお》くのアラブ人《じん》がパレスチナから周辺《しゅうへん》の国《くに》に流入《りゅうにゅう》しました。それらの人《ひと》たちはパレスチナからの難民《なんみん》という意味《いみ》で「パレスチナ難民《なんみん》」とよばれました。こうした難民《なんみん》のなかから、パレスチナの独立国家《どくりつこっか》をめざす組織《そしき》としてうまれたのがパレスチナ解放機構《かいほうきこう》（PL《ピーエル》O《オー》）です。1964年《ねん》の設立当初《せつりつとうしょ》は穏健《おんけん》な組織《そしき》でしたが、アラファトが議長《ぎちょう》になってからは戦闘的《せんとうてき》な組織《そしき》にかわりました。そしてPLO内部《ピーエルオーないぶ》のグループが世界各地《せかいかくち》でテロ活動《かつどう》を展《てん》開《かい》することになるのです。

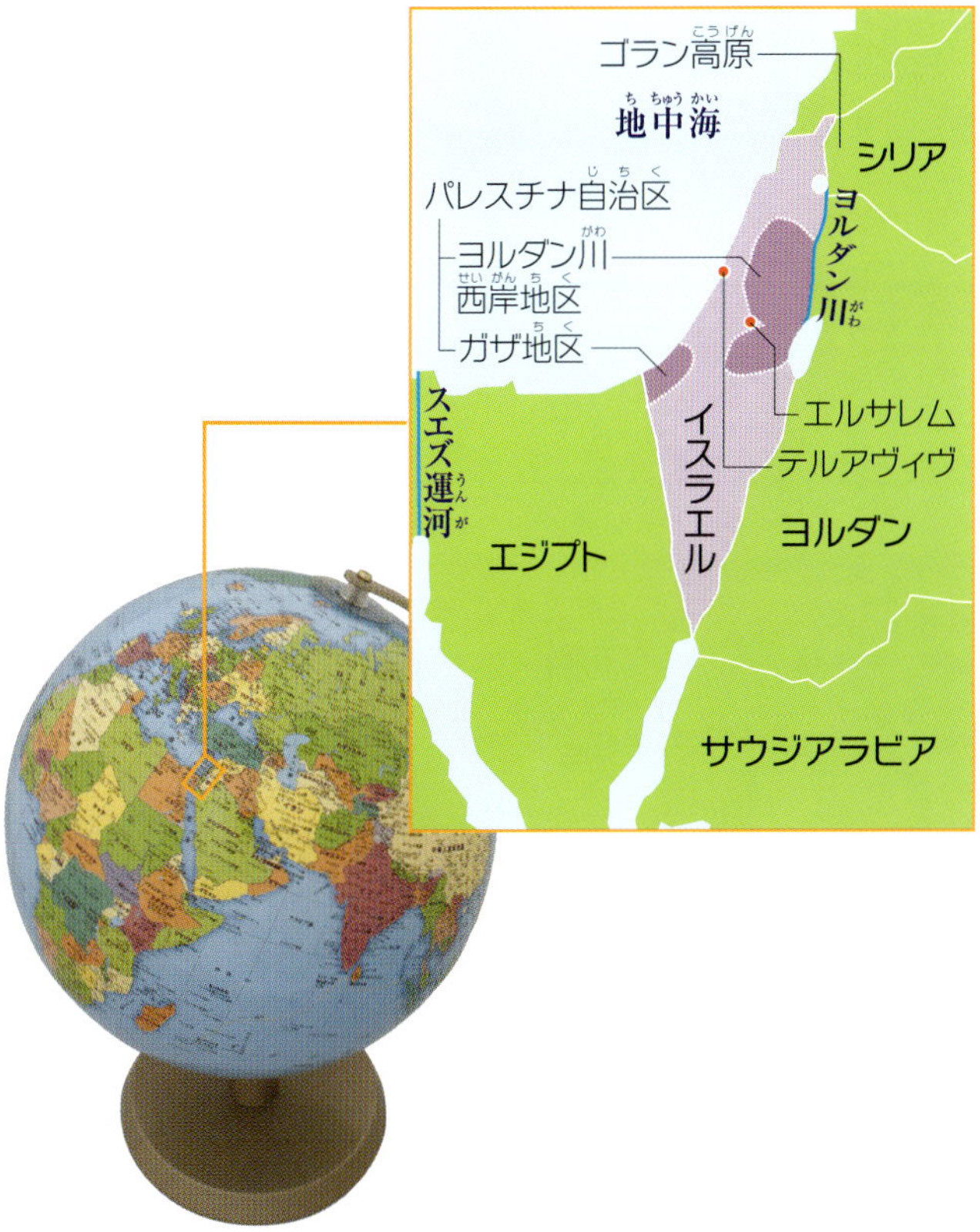

＊1 ユダヤ人《じん》：ユダヤ教《きょう》を信《しん》じる人《ひと》びと。
＊2 エルサレム：キリスト教《きょう》、ユダヤ教《きょう》、イスラム教《きょう》の聖地《せいち》がある都市《とし》。

そのとき日本では？

55年《ねん》体《たい》制《せい》が終《お》わる

1955年《ねん》、自民党《じみんとう》と社会党《しゃかいとう》の二大政党《にだいせいとう》による、55年体《ねんたい》制《せい》⇒P41がはじまりました。アメリカとソ連《れん》の冷戦《れいせん》が激化《げきか》していた当時《とうじ》、「改憲《かいけん》・保守《ほしゅ》・安保護持《あんぽごじ》」の自民党《じみんとう》と、「護憲《ごけん》・革新《かくしん》・反安保《はんあんぽ》」の社会党《しゃかいとう》の対立《たいりつ》は冷戦《れいせん》の国内版《こくないばん》といえるものでした。1958年《ねん》の衆議院議員総選挙《しゅうぎいんぎいんそうせんきょ》では、定数《ていすう》467のうち、自民党《じみんとう》が287議席《ぎせき》（ほか、追加公認《ついかこうにん》11）、社会党《しゃかいとう》が166議席《ぎせき》（ほか、追加公認《ついかこうにん》1）、日本共産党《にほんきょうさんとう》*1 1議席《ぎせき》、無《む》所属《しょぞく》・諸派《しょは》13議席《ぎせき》となって、自民党《じみんとう》、社会党《しゃかいとう》の二大政党《にだいせいとう》で97％の議席《ぎせき》を占《し》めました。

二大政党《にだいせいとう》とはいっても、国会《こっかい》の議席数《ぎせきすう》では自民党《じみんとう》は社会党《しゃかいとう》の2倍《ばい》に近《ちか》い比率《ひりつ》でした。55年体制《ねんたいせい》では自民党《じみんとう》から社会党《しゃかいとう》への政権交代《せいけんこうたい》が実現《じつげん》しない一方《いっぽう》で、自民党《じみんとう》にとっては憲法改正《けんぽうかいせい》に必要《ひつよう》な3分《ぶん》の2以上《いじょう》の議席《ぎせき》を獲得《かくとく》できない状態《じょうたい》だったのです。この勢力比《せいりょくひ》が続《つづ》いた結果《けっか》、社会党《しゃかいとう》は憲法改正《けんぽうかいせい》を阻止《そし》するのに必要《ひつよう》な3分《ぶん》の1の議席《ぎせき》に安住《あんじゅう》することになり、他方《たほう》、自《じ》民党《みんとう》は改憲《かいけん》への意欲《いよく》を失《うしな》い、政権維持《せいけんいじ》に満足《まんぞく》という構図《こうず》がうまれました。

その後《ご》、社会党《しゃかいとう》は労働組合《ろうどうくみあい》*2出身《しゅっしん》の候補者《こうほしゃ》を重視《じゅうし》するかたわら、候補者《こうほしゃ》を減《へ》らす方針《ほうしん》をとったために、議席数《ぎせきすう》がしだいに減少《げんしょう》し、長期低落傾向《ちょうきていらくけいこう》といわれます。1980年代末《ねんだいまつ》の東《とう》欧革命《おうかくめい》や1991年《ねん》のソ連解体《れんかいたい》によって社会主義《しゃかいしゅぎ》への幻滅《げんめつ》が広《ひろ》がったことが低落《ていらく》に拍車《はくしゃ》をかけました。一方《いっぽう》、自民党内部《じみんとうないぶ》

▲1993年《ねん》8月《がつ》、衆議院本会議《しゅうぎいんほんかいぎ》で細川護熙《ほそかわもりひろ》が首相《しゅしょう》に指名《しめい》され、55年体制《ねんたいせい》が終《お》わりをつげた。写真：毎日新聞社/アフロ

*1 日本共産党《にほんきょうさんとう》：1922年結成《ねんけっせい》。 *2 労働組合《ろうどうくみあい》：労働者《ろうどうしゃ》が、会社《かいしゃ》などやとい主《ぬし》に対《たい》して、賃金《ちんぎん》や労働時間《ろうどうじかん》などの待遇《たいぐう》について改善《かいぜん》の交渉《こうしょう》をするためにつくる組織《そしき》。

では派閥抗争《はばつこうそう》によってあらたに首相《しゅしょう》が誕生《たんじょう》し、これが政権交《せいけんこう》代《たい》のような役割《やくわり》をはたしていきます。その結果《けっか》、国民《こくみん》は社会《しゃかい》党《とう》による政権交代《せいけんこうたい》をあえてのぞまなくなったのです。

しかし自民党《じみんとう》の長期政権《ちょうきせいけん》が続《つづ》くことで、腐敗《ふはい》もうまれました。なかでも、1988年《ねん》のリクルート事件《じけん》や1992年《ねん》の東京佐川急便事件《とうきょうさがわきゅうびんじけん》*1は自民党《じみんとう》の幹部《かんぶ》が金銭授受《きんせんじゅじゅ》に関与《かんよ》した事《じ》件《けん》だったことから、国民《こくみん》の政治不信《せいじふしん》は頂点《ちょうてん》に達《たっ》しました。そこで、政治《せいじ》の腐敗《ふはい》を防《ふせ》ぐには金《かね》のかからない政治《せいじ》が必要《ひつよう》だとして、海部俊樹内閣《かいふとしきないかく》、宮澤喜一《みやざわきいち》⇒P43内閣《ないかく》が政治改革関連法《せいじかいかくかんれんほう》案《あん》を国会《こっかい》に提出《ていしゅつ》。しかし、いずれも廃案《はいあん》となり、自民党内部《じみんとうないぶ》から、執行部《しっこうぶ》の政権運営《せいけんうんえい》に対《たい》する反発《はんぱつ》が強《つよ》まりました。

こうして自民党内部《じみんとうないぶ》での分裂《ぶんれつ》がうまれ、羽田孜《はたつとむ》⇒P42、小《お》沢一郎《ざわいちろう》⇒P41らの新生党《しんせいとう》、武村正義《たけむらまさよし》*2らの新党《しんとう》さきがけの2つの政党《せいとう》がうまれました。1993年《ねん》の総選挙《そうせんきょ》では、自民党《じみんとう》は過半数《かはんすう》を大《おお》きく割《わ》りこみ、社会党《しゃかいとう》も惨敗《ざんぱい》。一方《いっぽう》、新生党《しんせいとう》、新党《しんとう》さきがけ、細川護熙《ほそかわもりひろ》⇒P43率《ひき》いる日本新党《にほんしんとう》が躍進《やくしん》し、「新《しん》党《とう》ブーム」がわきおこりました。自民党以外《じみんとういがい》の政党《せいとう》が政権《せいけん》を獲得《かくとく》することが現実的《げんじつてき》になってきました。

ここで小沢一郎《おざわいちろう》のはたらきかけにより、新生党《しんせいとう》、社会党《しゃかいとう》、公明党《こうめいとう》、民社党《みんしゃとう》、社会民主連合《しゃかいみんしゅれんごう》は、日本新党《にほんしんとう》の細川《ほそかわ》を首相《しゅしょう》にすることで合意《ごうい》。これを日本新党《にほんしんとう》と新党《しんとう》さきがけも受《う》けいれて、1993年《ねん》8月《がつ》、細川《ほそかわ》を首相《しゅしょう》とする連立内閣《れんりつないかく》が誕生《たんじょう》し、38年間《ねんかん》におよぶ55年体制《ねんたいせい》はとうとう終《お》わりをつげました。

ところが、細川内閣《ほそかわないかく》は国民福祉税《こくみんふくしぜい》の創設《そうせつ》や、自身《じしん》の政治資《せいじし》金《きん》の不正疑惑《ふせいぎわく》などで国民《こくみん》の反感《はんかん》を買《か》って辞任《じにん》。後任《こうにん》を羽田《はた》がつぎますが、このとき社会党《しゃかいとう》が連立政権《れんりつせいけん》から離脱《りだつ》しました。社会党内部《しゃかいとうないぶ》で、羽田《はた》に近《ちか》い小沢一郎《おざわいちろう》に対《たい》する反発《はんぱつ》が広《ひろ》がっていたからです。この結果《けっか》、羽田内閣《はたないかく》は少数与党《しょうすうよとう》に転落《てんらく》。わずか2か月《げつ》で総辞職《そうじしょく》しました。

このあと、「反小沢《はんおざわ》」をキーワードに、自民党《じみんとう》、社会党《しゃかいとう》、新党《しんとう》さきがけの3党《とう》が連立《れんりつ》して、1994年《ねん》6月《がつ》、社会党委《しゃかいとうい》員長《いんちょう》の村山富市《むらやまとみいち》⇒P43が首相《しゅしょう》に就任《しゅうにん》しました。社会党《しゃかいとう》としては1947年《ねん》の片山哲《かたやまてつ》*3内閣《ないかく》以来《いらい》のことです。しかし、村山《むらやま》の政策《せいさく》はそれまでの社会党《しゃかいとう》の政策《せいさく》を180度転換《どてんかん》するものであったために、国民《こくみん》の政治不信《せいじふしん》はいっそう高《たか》まり、村山《むらやま》は首《しゅ》相《しょう》を辞任《じにん》。後任《こうにん》には自民党《じみんとう》の橋本龍太郎《はしもとりゅうたろう》⇒P42が選《えら》ばれ、自《じ》民党政権《みんとうせいけん》が復活《ふっかつ》しました。以降《いこう》2009年《ねん》まで自民党政権《じみんとうせいけん》が続《つづ》いていきます。

首相《しゅしょう》と在職時期《ざいしょくじき》

海部俊樹《かいふとしき》（1989年《ねん》8月《がつ》～1991年《ねん》11月《がつ》）

宮澤喜一《みやざわきいち》（1991年《ねん》11月《がつ》～1993年《ねん》8月《がつ》）

細川護熙《ほそかわもりひろ》（1993年《ねん》8月《がつ》～1994年《ねん》4月《がつ》）

羽田孜《はたつとむ》（1994年《ねん》4月《がつ》～1994年《ねん》6月《がつ》）

村山富市《むらやまとみいち》（1994年《ねん》6月《がつ》～1996年《ねん》1月《がつ》）

橋本龍太郎《はしもとりゅうたろう》（1996年《ねん》1月《がつ》～1998年《ねん》7月《がつ》）

写真：首相官邸ホームページより

*1 東京佐川急便事件《とうきょうさがわきゅうびんじけん》：運送会社《うんそうがいしゃ》の東京佐川急便《とうきょうさがわきゅうびん》が、自民党《じみんとう》へ多額《たがく》の政治献金《せいじけんきん》をおこなった事件《じけん》。 *2 武村正義《たけむらまさよし》：1934年《ねん》～。衆議院議員《しゅうぎいんぎいん》を経《へ》て1993年《ねん》に新党《しんとう》さきがけを結成《けっせい》。 *3 片山哲《かたやまてつ》：1887～1978年《ねん》。第《だい》46代《だい》内閣総理大臣《ないかくそうりだいじん》。

もっと知りたい！

日本《にほん》のはじめての世界遺産《せかいいさん》

1993年《ねん》に登録《とうろく》された世界遺産《せかいいさん》

「世界遺産《せかいいさん》」とは、「世界《せかい》の文化遺産《ぶんかいさん》及《およ》び自然遺産《しぜんいさん》の保護《ほご》に関《かん》する条約《じょうやく》」（通称《つうしょう》「世界遺産条約《せかいいさんじょうやく》」）にもとづいて保護《ほご》・保全《ほぜん》されている遺跡《いせき》や自然《しぜん》をいいます。この条約《じょうやく》は1972年《ねん》のユネスコ総会《そうかい》＊1で採択《さいたく》されました。日本《にほん》は、1992年《ねん》に条約《じょうやく》を締結《ていけつ》。1993年《ねん》に、白神山地《しらかみさんち》、屋久島《やくしま》、法隆寺地域《ほうりゅうじちいき》の仏教建造物《ぶっきょうけんぞうぶつ》、姫路城《ひめじじょう》の4件《けん》がはじめて登録《とうろく》されました。

世界遺産《せかいいさん》には10の「登録基準《とうろくきじゅん》」があって、登録《とうろく》されるには、このうちの1つ以上《いじょう》を満《み》たさなければなりません。さらに、以下《いか》の条件《じょうけん》を満《み》たすことも必要《ひつよう》です。

・**推薦《すいせん》する国《くに》が世界遺産条約《せかいいさんじょうやく》を締結《ていけつ》していること。**
・**事前《じぜん》に政府《せいふ》が暫定《ざんてい》リストに記載《きさい》し、ユネスコ世界遺産《せかいいさん》センターへ提出《ていしゅつ》してあること。**
・**国内《こくない》の法律《ほうりつ》で保護体制《ほごたいせい》がとられ、その価値《かち》が将来《しょうらい》にわたり維持《いじ》されること。**
・**完全性《かんぜんせい》、真実性《しんじつせい》を満《み》たしていること。**

これらの基準《きじゅん》、条件《じょうけん》を満《み》たした候補《こうほ》のなかから、毎年《まいとし》世界遺産委員会《せかいいさんいいんかい》＊2が世界遺産《せかいいさん》を決《き》めることになっています。

こうして選《えら》ばれる世界遺産《せかいいさん》には、①文化遺産《ぶんかいさん》、②自然《しぜん》遺産《いさん》、③複合遺産《ふくごういさん》の3分類《ぶんるい》があり、いずれも顕著《けんちょ》で普遍《ふへん》的《てき》な価値《かち》をもつ建造物《けんぞうぶつ》や自然《しぜん》が登録《とうろく》されています。

法隆寺地域《ほうりゅうじちいき》の仏教建造物《ぶっきょうけんぞうぶつ》（文化遺産《ぶんかいさん》）

白神山地《しらかみさんち》（自然遺産《しぜんいさん》）

姫路城《ひめじじょう》（文化遺産《ぶんかいさん》）

屋久島《やくしま》（自然遺産《しぜんいさん》）

＊1 ユネスコ総会《そうかい》：通常《つうじょう》2年《ねん》に1回《かい》おこなわれる、ユネスコ（国連教育科学文化機関《こくれんきょういくかがくぶんかきかん》）の管理機関《かんりきかん》。条約《じょうやく》の採択《さいたく》、予算《よさん》の承認《しょうにん》などをおこなう。＊2 世界遺産委員会《せかいいさんいいんかい》：世界遺産《せかいいさん》リストの作成《さくせい》や保護活動《ほごかつどう》をおこなうユネスコの組織《そしき》。

2014年現在《ねんげんざい》の日本《にほん》の登録《とうろく》

日本《にほん》の世界遺産《せかいいさん》は 1993 年《ねん》の 4 件《けん》をふくめ、以下《いか》のように文化遺産《ぶんかいさん》が 14 件《けん》、自然遺産《しぜんいさん》が 4 件《けん》、計《けい》 18 件《けん》が登録《とうろく》されています。

白神山地《しらかみさんち》（1993年《ねん》、自然遺産《しぜんいさん》）
屋久島《やくしま》（1993年《ねん》、自然遺産《しぜんいさん》）
法隆寺《ほうりゅうじ》地域《ちいき》の仏教建造物《ぶっきょうけんぞうぶつ》（1993年《ねん》、文化遺産《ぶんかいさん》）
姫路城《ひめじじょう》（1993年《ねん》、文化遺産《ぶんかいさん》）
古都京都《こときょうと》の文化財《ぶんかざい》（1994年《ねん》、文化遺産《ぶんかいさん》）
白川郷《しらかわごう》・五箇山《ごかやま》の合掌造《がっしょうづく》り集落《しゅうらく》（1995年《ねん》、文化遺産《ぶんかいさん》）
原爆《げんばく》ドーム（1996年《ねん》、文化遺産《ぶんかいさん》。写真《しゃしん》❶）
厳島神社《いつくしまじんじゃ》（1996年《ねん》、文化遺産《ぶんかいさん》）
古都奈良《ことなら》の文化財《ぶんかざい》（1998年《ねん》、文化遺産《ぶんかいさん》）
日光《にっこう》の社寺《しゃじ》（1999年《ねん》、文化遺産《ぶんかいさん》）
琉球王国《りゅうきゅうおうこく》のグスク及《およ》び関連遺産群《かんれんいさんぐん》（2000年《ねん》、文化遺産《ぶんかいさん》。写真《しゃしん》❷）
紀伊山地《きいさんち》の霊場《れいじょう》と参詣道《さんけいみち》（2004年《ねん》、文化遺産《ぶんかいさん》）
知床《しれとこ》（2005年《ねん》、自然遺産《しぜんいさん》）
石見銀山遺跡《いわみぎんざんいせき》とその文化的景観《ぶんかてきけいかん》（2007年《ねん》、文化遺産《ぶんかいさん》）
小笠原諸島《おがさわらしょとう》（2011年《ねん》、自然遺産《しぜんいさん》）
平泉《ひらいずみ》—仏国土《ぶっこくど》（浄土《じょうど》）を表《あらわ》す建築《けんちく》・庭園及《ていえんおよ》び考古学的遺跡群《こうこがくてきいせきぐん》（2011年《ねん》、文化遺産《ぶんかいさん》）
富士山《ふじさん》—信仰《しんこう》の対象《たいしょう》と芸術《げいじゅつ》の源泉《げんせん》（2013年《ねん》、文化遺産《ぶんかいさん》。写真《しゃしん》❸）
富岡製糸場《とみおかせいしじょう》と絹産業遺産群《きぬさんぎょういさんぐん》（2014年《ねん》、文化遺産《ぶんかいさん》。写真《しゃしん》❹）

©OCVB

写真：富岡市・富岡製糸場提供

この時期《じき》の4つの賞《しょう》

年	日本《にほん》レコード大賞《たいしょう》*1 芥川賞《あくたがわしょう》*3（下半期《しもはんき》） 直木賞《なおきしょう》*4（下半期《しもはんき》）	新語《しんご》・流行語大賞《りゅうこうごたいしょう》*2 芥川賞《あくたがわしょう》（上半期《かみはんき》） 直木賞《なおきしょう》（上半期《かみはんき》）
1988年《ねん》	光GENJI《ひかるゲンジ》『パラダイス銀河《ぎんが》』	「今宵《こよい》はここまでに（いたしとうございまする）」
	池澤夏樹《いけざわなつき》『スティル・ライフ』 三浦清宏《みうらきよひろ》『長男《ちょうなん》の出家《しゅっけ》』	新井満《あらいまん》『尋《たず》ね人《びと》の時間《じかん》』
	阿部牧郎《あべまきお》『それぞれの終楽章《しゅうがくしょう》』	景山民夫《かげやまたみお》『遠《とお》い海《うみ》から来《き》たCOO《クー》』 西木正明《にしきまさあき》『凍《しば》れる瞳《ひとみ》・端島《はしま》の女《おんな》』
1989年《ねん》	Wink《ウィンク》『淋《さみ》しい熱帯魚《ねったいぎょ》』	オバタリアン／オバタリアン旋風《せんぷう》
	南木佳士《なぎけいし》『ダイヤモンドダスト』 李良枝《イヤンジ》『由熙《ユヒ》』	なし
	杉本章子《すぎもとあきこ》『東京新大橋雨中図《とうきょうしんおおはしうちゅうず》』 藤堂志津子《とうどうしづこ》『熟《う》れてゆく夏《なつ》』	笹倉明《ささくらあきら》『遠《とお》い国《くに》からの殺人者《さつじんしゃ》』 ねじめ正一《しょういち》『高円寺純情商店街《こうえんじじゅんじょうしょうてんがい》』
1990年《ねん》	堀内孝雄《ほりうちたかお》『恋唄綴《こいうたつづ》り』 B.B.《ビービー》クィーンズ『おどるポンポコリン』	ちびまる子《こ》ちゃん（現象《げんしょう》）
	大岡玲《おおおかあきら》『表層生活《ひょうそうせいかつ》』 瀧澤美恵子《たきざわみえこ》『ネコババのいる町《まち》で』	辻原登《つじはらのぼる》『村《むら》の名前《なまえ》』
	原尞《はらりょう》『私《わたし》が殺《ころ》した少女《しょうじょ》』 星川清司《ほしかわせいじ》『小伝抄《こでんしょう》』	泡坂妻夫《あわさかつまお》『蔭桔梗《かげききょう》』
1991年《ねん》	北島三郎《きたじまさぶろう》『北《きた》の大地《だいち》』 KAN《カン》『愛《あい》は勝《か》つ』	「…じゃあ～りませんか」
	小川洋子《おがわようこ》『妊娠《にんしん》カレンダー』	辺見庸《へんみよう》『自動起床装置《じどうきしょうそうち》』 荻野《おぎの》アンナ『背負《せお》い水《みず》』
	古川薫《ふるかわかおる》『漂泊者《ひょうはくしゃ》のアリア』	芦原《あしはら》すなお『青春《せいしゅん》デンデケデケデケ』 宮城谷昌光《みやぎたにまさみつ》『夏姫春秋《かきしゅんじゅう》』
1992年《ねん》	大月《おおつき》みやこ『白《しろ》い海峡《かいきょう》』 米米CLUB《こめこめクラブ》『君《きみ》がいるだけで』	きんさん・ぎんさん
	松村栄子《まつむらえいこ》『至高聖所《しこうせいじょ》（アバトーン）』	藤原智美《ふじわらともみ》『運転士《うんてんし》』
	高橋克彦《たかはしかつひこ》『緋《あか》い記憶《きおく》』、高橋義夫《たかはしよしお》『狼奉行《おおかみぶぎょう》』	伊集院静《いじゅういんしずか》『受《う》け月《づき》』
1993年《ねん》	香西《こうざい》かおり『無言坂《むごんざか》』	J《ジェイ》リーグ
	多和田葉子《たわだようこ》『犬婿入《いぬむこい》り』	吉目木晴彦《よしめきはるひこ》『寂寥郊野《せきりょうこうや》』
	出久根達郎《でくねたつろう》『佃島《つくだじま》ふたり書房《しょぼう》』	高村薫《たかむらかおる》『マークスの山《やま》』 北原亞以子《きたはらあいこ》『恋忘《こいわす》れ草《ぐさ》』

『スティル・ライフ』（池澤夏樹《いけざわなつき》、中公文庫《ちゅうこうぶんこ》）。

※芥川賞《あくたがわしょう》・直木賞《なおきしょう》は年度《ねんど》ごとの上半期《かみはんき》（7月《がつ》）・下半期《しもはんき》（1月《がつ》）に決《き》まるが、ここでは年《とし》ごとに表記《ひょうき》し、前年度《ぜんねんど》の下半期《しもはんき》を表《ひょう》の左側《ひだりがわ》に記載《きさい》している。

*1 日本《にほん》レコード大賞《たいしょう》：毎年《まいとし》12月《がつ》に発表《はっぴょう》される音楽賞《おんがくしょう》。 *2 新語《しんご》・流行語大賞《りゅうこうごたいしょう》：毎年《まいとし》12月《がつ》に発表《はっぴょう》される。 *3 芥川賞《あくたがわしょう》：直木賞《なおきしょう》とともに文藝春秋社《ぶんげいしゅんじゅうしゃ》が創設《そうせつ》した文学賞《ぶんがくしょう》。純文学作品《じゅんぶんがくさくひん》におくられる。 *4 直木賞《なおきしょう》：実績《じっせき》のある作家《さっか》の娯楽小説《ごらくしょうせつ》が受賞《じゅしょう》することが多《おお》い。

資料編《しりょうへん》① おぼえておきたい！用語集《ようごしゅう》

◆アラファト……34・35
1929～2004年《ねん》。パレスチナの政《せい》治家《じか》。1969年《ねん》にパレスチナ解放機構《かいほうきこう》（PLO《ピーエルオー》）の議長《ぎちょう》に就任《しゅうにん》し、パレスチナ解放運動《かいほううんどう》を指導《しどう》する。1993年《ねん》にオスロ合意《ごうい》に署名《しょめい》してイスラエルと和平《わへい》を結《むす》び、1996年《ねん》に大統領《だいとうりょう》にあたるパレスチナ自治評議会議長《じちひょうぎかいぎちょう》となる。1994年《ねん》、ノーベル平和賞《へいわしょう》を受賞《じゅしょう》。

◆アラブ諸国《しょこく》……25・35
アラブ人《じん》（アラビア語《ご》を話《はな》す人《ひと》びと）を中心《ちゅうしん》とした国《くに》ぐに。中東《ちゅうとう》やアラビア半《はん》島《とう》、北《きた》アフリカに位置《いち》し、ほとんどがイスラム教《きょう》を国教《こっきょう》とする。

◆イラン・イラク戦争《せんそう》……24
1980～1988年《ねん》。中東《ちゅうとう》のイランとイラクのあいだでおこなわれた戦争《せんそう》。国《こっ》境問題《きょうもんだい》をきっかけにイラクが侵攻《しんこう》し、長《ちょう》期間《きかん》の戦争《せんそう》に発展《はってん》した。

◆宇野宗佑《うのそうすけ》……11
1922～1998年《ねん》。リクルート事件《じけん》ののち1989年《ねん》に第《だい》75代内閣総理大臣《だいないかくそうりだいじん》となり、在任中《ざいにんちゅう》の参議院議員通常選挙《さんぎいんぎいんつうじょうせんきょ》では自民党《じみんとう》が大敗《たいはい》。就任《しゅうにん》から2か月《げつ》あまりで辞任《じにん》した。

◆エリツィン……7・16・17・32
1931～2007年《ねん》。ソ連崩壊《れんほうかい》のあと、1991年《ねん》にロシア連邦《れんぽう》の初代大統《しょだいだいとう》領《りょう》に就任《しゅうにん》。1999年《ねん》に辞任《じにん》するまでロシア連邦《れんぽう》の指導者《しどうしゃ》となった。

◆大平正芳《おおひらまさよし》……10
1910～1980年《ねん》。第《だい》68、69代内閣《だいないかく》総理大臣《そうりだいじん》。大蔵大臣《おおくらだいじん》などを経《へ》て1978年《ねん》に首相《しゅしょう》に就任《しゅうにん》するが、在任中《ざいにんちゅう》に急死《きゅうし》。

◆小沢一郎《おざわいちろう》……37
1942年《ねん》～。自民党《じみんとう》から衆議院議員《しゅうぎいんぎいん》に当選《とうせん》し自民党幹事長《じみんとうかんじちょう》などをつとめるが、1993年《ねん》に自民党《じみんとう》を離党《りとう》し新生党《しんせいとう》を結《けっ》成《せい》。自由党党首《じゆうとうとうしゅ》、民主党幹事長《みんしゅとうかんじちょう》などを経《へ》て、2014年現在《ねんげんざい》は生活《せいかつ》の党代表《とうだいひょう》。

◆オスロ合意《ごうい》……34
1993年《ねん》、イスラエルとパレスチナ解《かい》放機構《ほうきこう》（PLO《ピーエルオー》）とのあいだで成立《せいりつ》した合意《ごうい》。イスラエルがヨルダン川西岸地区《がわせいがんちく》とガザ地区《ちく》から撤退《てったい》し、この地区《ちく》ではパレスチナ自治政府《じちせいふ》が暫定自治《ざんていじち》をおこなうことが決《き》められた。

◆小渕恵三《おぶちけいぞう》……6
1937～2000年《ねん》。1989年《ねん》、内《ない》閣官房長官《かくかんぼうちょうかん》として昭和《しょうわ》から平成《へいせい》への改元《かいげん》を発表《はっぴょう》。1998年《ねん》に第《だい》84代内閣総理大《だいないかくそうりだい》臣《じん》に就任《しゅうにん》するが2000年《ねん》に病死《びょうし》する。

◆海部俊樹《かいふとしき》……11・37
1931年《ねん》～。第《だい》76、77代内閣総理大《だいないかくそうりだい》臣《じん》。1989年《ねん》に首相《しゅしょう》に就任《しゅうにん》し、在任中《ざいにんちゅう》に政治改革関連法案《せいじかいかくかんれんほうあん》を提出《ていしゅつ》するが廃案《はいあん》になる。湾岸戦争《わんがんせんそう》への資金《しきん》の拠出《きょしゅつ》を決《き》めた。

◆国際連合《こくさいれんごう》（国連《こくれん》）……25・31・35
世界《せかい》の平和《へいわ》と、経済《けいざい》、社会《しゃかい》の発展《はってん》のために協力《きょうりょく》することを目的《もくてき》に、1945年《ねん》につくられた組織《そしき》。2014年現在《ねんげんざい》、世界《せかい》の193か国《こく》が加盟《かめい》する。

◆国連安全保障理事会《こくれんあんぜんほしょうりじかい》……17・25
世界《せかい》の平和《へいわ》と安全《あんぜん》を守《まも》るための国連《こくれん》の主《しゅ》要機関《ようきかん》。5か国《こく》の常任理事国《じょうにんりじこく》と10か国《こく》の非常任理事国《ひじょうにんりじこく》で構成《こうせい》され、国連加盟国《こくれんかめいこく》はこの決議《けつぎ》にしたがわなければならない。

◆55年体制《ねんたいせい》……36・37
1955年《ねん》から1993年《ねん》まで日本国内《にほんこくない》で続《つづ》いた、第一党《だいいっとう》の自民党《じみんとう》と第二党《だいにとう》の社《しゃ》会党《かいとう》の二大政党《にだいせいとう》による対立構造《たいりつこうぞう》のこと。

◆ゴルバチョフ……7・9・12・15・16・17・18・32
1931年《ねん》～。ソ連《れん》の政治家《せいじか》、初代大統《しょだいだいとう》領《りょう》。1985年《ねん》にソ連共産党書記長《れんきょうさんとうしょきちょう》に就《しゅう》

●ここでは、本文《ほんぶん》でピンク色《いろ》にした言葉《ことば》を50音順《おんじゅん》にならべて解説《かいせつ》しています。

任《にん》し、民主化《みんしゅか》、自由化《じゆうか》にむけた「ペレストロイカ」「グラスノスチ」「新思考外交《しんしこうがいこう》」の三大改革《さんだいかいかく》を進《すす》める。1991年《ねん》に書記長《しょきちょう》、大統領《だいとうりょう》を辞任《じにん》。

◆自民党《じみんとう》……11・36・37
自由民主党《じゆうみんしゅとう》。1955年《ねん》、自由党《じゆうとう》と日本《にほん》民主党《みんしゅとう》の統一《とういつ》により誕生《たんじょう》。以降《いこう》1993年《ねん》まで政権《せいけん》をとりつづけ「55年体制《ねんたいせい》」を築《きず》く。

◆社会党《しゃかいとう》……11・36・37
日本社会党《にっぽんしゃかいとう》。1945年《ねん》に誕生《たんじょう》し、55年《ねん》体制《たいせい》のもとで自民党《じみんとう》と議席《ぎせき》を争《あらそ》った。1996年《ねん》に社会民主党《しゃかいみんしゅとう》に改名《かいめい》。

◆スターリン……18
1879～1953年《ねん》。ソ連《れん》の政治家《せいじか》。1930年代以降《ねんだいいこう》、ソ連共産党《れんきょうさんとう》の指導者《しどうしゃ》として反対派《はんたいは》を弾圧《だんあつ》し、独裁政治《どくさいせいじ》をおこなった。

◆第二次世界大戦《だいにじせかいたいせん》……7・19・31
1939～1945年《ねん》。ドイツのポーランド侵攻《しんこう》にはじまり、ドイツ、イタリア、日本《にほん》の枢軸国側《すうじくこくがわ》と、アメリカ、イギリス、フランス、ソ連《れん》、中国《ちゅうごく》などの連合国側《れんごうこくがわ》にわかれて戦《たたか》って、世界的《せかいてき》に非常《ひじょう》に大《おお》きな被害《ひがい》がもたらされた。

◆竹下登《たけしたのぼる》……10・11
1924～2000年《ねん》。1987年《ねん》、中《なか》曽根内閣《そねないかく》のあとを受《う》け第《だい》74代内閣総理大臣《だいないかくそうりだいじん》に就任《しゅうにん》。翌年《よくねん》に消費税法《しょうひぜいほう》を成立《せいりつ》させた。

◆周恩来《チョウエンライ》……8
1898～1976年《ねん》。中国《ちゅうごく》の政治家《せいじか》。1949年《ねん》に中華人民共和国《ちゅうかじんみんきょうわこく》が成立《せいりつ》したあと、主席《しゅせき》の毛沢東《マオツォトン》につぐ地位《ちい》の首相《しゅしょう》に就任《しゅうにん》。1972年《ねん》には田中角栄《たなかかくえい》とともに日中共同声明《にっちゅうきょうどうせいめい》に調印《ちょういん》し、日中国交正常化《にっちゅうこっこうせいじょうか》をはたした。

◆鄧小平《トウンシャオピン》……8・9
1904～1997年《ねん》。中国《ちゅうごく》の政治家《せいじか》。毛沢東《マオツォトン》の死後《しご》、実権《じっけん》をにぎって中国《ちゅうごく》の最大《さいたい》の実力者《じつりょくしゃ》となる。中国《ちゅうごく》の改革《かいかく》・開放政策《かいほうせいさく》を進《すす》めた。

◆中曽根康弘《なかそねやすひろ》……10
1918年《ねん》～。第《だい》71、72、73代内閣総理大臣《だいないかくそうりだいじん》。1982年《ねん》に首相《しゅしょう》に就任《しゅうにん》し、アメリカのレーガン大統領《だいとうりょう》と良好《りょうこう》な関係《かんけい》を築《きず》く一方《いっぽう》、国内《こくない》では憲法《けんぽう》の改正《かいせい》を主張《しゅちょう》した。

◆橋本龍太郎《はしもとりゅうたろう》……37
1937～2006年《ねん》。第《だい》82、83代内閣《だいないかく》総理大臣《そうりだいじん》。自民党《じみんとう》から衆議院議員《しゅうぎいんぎいん》に当選《とうせん》。1996年《ねん》に村山内閣《むらやまないかく》のあとを受《う》け社会党《しゃかいとう》、新党《しんとう》さきがけとの連立政権《れんりつせいけん》で首相《しゅしょう》に就任《しゅうにん》し、自民党政権《じみんとうせいけん》が復活《ふっかつ》する。

◆羽田孜《はたつとむ》……37
1935年《ねん》～。自民党《じみんとう》から衆議院議員《しゅうぎいんぎいん》に当選《とうせん》し農林水産大臣《のうりんすいさんだいじん》などを歴任《れきにん》するが、1993年《ねん》に小沢一郎《おざわいちろう》らと自民党《じみんとう》を離党《りとう》し新生党《しんせいとう》を結成《けっせい》。細川内閣《ほそかわないかく》の退陣後《たいじんご》に第《だい》80代内閣総理大臣《だいないかくそうりだいじん》に就任《しゅうにん》するが、2か月《げつ》あまりで退陣《たいじん》する。

◆バブル……24・28・29・30
1986年《ねん》12月《がつ》から1991年《ねん》2月《がつ》まで、日本経済《にほんけいざい》が異常《いじょう》な好景気《こうけいき》をむかえた状態《じょうたい》。地価《ちか》や株価《かぶか》が高騰《こうとう》し、人《ひと》びとは裕福《ゆうふく》な気分《きぶん》にうかされた。

◆プーチン……17
1952年《ねん》～。2000年《ねん》、エリツィンのあとを受《う》けロシアの第《だい》2代大統領《だいだいとうりょう》に就任《しゅうにん》。首相《しゅしょう》を経《へ》て2012年《ねん》にふたたび第《だい》4代大統領《だいだいとうりょう》に就任《しゅうにん》し、2014年現在《ねんげんざい》までつとめる。

◆フセイン……24
1937～2006年《ねん》。1979年《ねん》にイラクの第《だい》2代大統領《だいだいとうりょう》に就任《しゅうにん》し、2003年《ねん》まで独裁体制《どくさいたいせい》をしいた。イラク戦争《せんそう》でアメリカ軍《ぐん》に拘束《こうそく》され、2006年《ねん》に死《し》刑判決《けいはんけつ》を受《う》け処刑《しょけい》された。

◆ブッシュ……7・15・32
1924年《ねん》～。アメリカの政治家《せいじか》、第《だい》41代大統領《だいだいとうりょう》。ソ連《れん》のゴルバチョフ書記長《しょきちょう》とともに冷戦《れいせん》の終結《しゅうけつ》を実現《じつげん》。1991年《ねん》には湾岸戦争《わんがんせんそう》を主導《しゅどう》した。

◆**フルシチョフ**……………………18
１８９４～１９７１年《ねん》。ソ連《れん》の政治家《せいじか》。スターリンの死後《しご》、ソ連共産党第一書記《れんきょうさんとうだいいちしょき》としてソ連《れん》を指導《しどう》。スターリンの独裁政《どくさいせい》治《じ》を批判《ひはん》しアメリカとの関係改善《かんけいかいぜん》につとめたが、中国《ちゅうごく》との関係《かんけい》は悪化《あっか》した。

◆**文化大革命《ぶんかだいかくめい》**…………………8
中国《ちゅうごく》で１９６６年《ねん》からはじまった運動《うんどう》。紅衛兵《こうえいへい》とよばれる若者《わかもの》たちの運動《うんどう》にはじまり、毛沢東《マオツォトン》が指導《しどう》して多《おお》くの死者《ししゃ》を出《だ》した。１９７６年《ねん》、毛沢東《マオツォトン》の死去後《しきょご》に権《けん》力《りょく》をにぎった四人組《よにんぐみ》が逮捕《たいほ》され、収束《しゅうそく》。

◆**ベルリンの壁《かべ》**………6・7・14・15
１９６１年《ねん》、東《ひがし》ドイツから西《にし》ドイツへの人口《じんこう》の流出《りゅうしゅつ》を防《ふせ》ぐため、東《ひがし》ドイツ政府《せいふ》が西《にし》ベルリンをかこむように建設《けんせつ》した高《たか》い壁《かべ》。１９８９年《ねん》に崩壊《ほうかい》し、冷戦終結《れいせんしゅうけつ》の象《しょう》徴《ちょう》となった。

◆**ペレストロイカ**……………………12
ソ連《れん》のゴルバチョフ共産党書記長《きょうさんとうしょきちょう》のもとでおこなわれた改革政策《かいかくせいさく》の１つ。政治《せいじ》、経済《けいざい》など社会全般《しゃかいぜんぱん》にわたる自由化《じゆうか》、民主《みんしゅ》化《か》が進《すす》められた。

◆**細川護熙《ほそかわもりひろ》**…………………37
１９３８年《ねん》～。自民党《じみんとう》から参議院議員《さんぎいんぎいん》に当選《とうせん》し、熊本県知事《くまもとけんちじ》などをつとめたのち、１９９２年《ねん》に離党《りとう》し日本新党《にほんしんとう》を結成《けっせい》。

◆**宮澤喜一《みやざわきいち》**……………………37
１９１９～２００７年《ねん》。１９９１年《ねん》に第《だい》78代内閣総理大臣《だいないかくそうりだいじん》に就任《しゅうにん》し、在任中《ざいにんちゅう》にP《ピー》KO《ケイオー》協力法《きょうりょくほう》を成立《せいりつ》させた。海部内閣《かいふないかく》に続《つづ》き政治改革関連法案《せいじかいかくかんれんほうあん》を提出《ていしゅつ》するが、廃案《はいあん》になった。

◆**民主化《みんしゅか》**……7・8・9・12・13・16
国《くに》の政治《せいじ》について決《き》める権利《けんり》は国民《こくみん》にあるという考《かんが》え方《かた》（民主主義《みんしゅしゅぎ》）のもと、権《けん》力《りょく》をにぎる指導者《しどうしゃ》や政党《せいとう》に対《たい》して国民《こくみん》の権利《けんり》を拡大《かくだい》しようという運動《うんどう》。

◆**村山富市《むらやまとみいち》**……………………37
１９２４年《ねん》～。社会党《しゃかいとう》から衆議院議員《しゅうぎいんぎいん》に当選《とうせん》。社会党委員長《しゃかいとういいんちょう》を経《へ》て、１９９４年《ねん》、自民党《じみんとう》、新党《しんとう》さきがけとの連立内閣《れんりつないかく》で第《だい》81代内閣総理大臣《だいないかくそうりだいじん》に就任《しゅうにん》。片山哲《かたやまてつ》以《い》来《らい》2人目《ふたりめ》の社会党《しゃかいとう》からの首相《しゅしょう》となるが、就任後《しゅうにんご》は社会党《しゃかいとう》の政策《せいさく》を転換《てんかん》する。

◆**メドベージェフ**…………………17
１９６５年《ねん》～。２００８年《ねん》にプーチンのあとを受《う》けロシアの第《だい》３代大統領《だいだいとうりょう》に就《しゅう》任《にん》。２０１２年《ねん》の任期満了後《にんきまんりょうご》、大統領《だいとうりょう》となったプーチンと入《い》れかわる形《かたち》で首相《しゅしょう》に就任《しゅうにん》し、２０１４年現在《ねんげんざい》までつとめる。

◆**リクルート事件《じけん》**…………11・37
１９８８年《ねん》６月《がつ》に発覚《はっかく》した政界《せいかい》の汚職事《おしょくじ》件《けん》。リクルート社《しゃ》が、多《おお》くの政治家《せいじか》や官《かん》僚《りょう》などにわいろとして子会社《こがいしゃ》の未公開株《みこうかいかぶ》をわたしていた。戦後最大級《せんごさいだいきゅう》の疑獄事件《ぎごくじけん》となり、竹下内閣《たけしたないかく》の支持率《しじりつ》が急落《きゅうらく》。竹下《たけした》首相《しゅしょう》は辞任《じにん》に追《お》いこまれた。

◆**冷戦《れいせん》**……6・7・15・16・17・20・21・24・25・32・33・36
第二次世界大戦後《だいにじせかいたいせんご》、国際社会《こくさいしゃかい》がアメリカを中心《ちゅうしん》とする資本主義《しほんしゅぎ》の国《くに》ぐにと、ソ連《れん》を中心《ちゅうしん》とする社会主義《しゃかいしゅぎ》の国《くに》ぐににわかれ激《はげ》しく対立《たいりつ》したこと。直接戦火《ちょくせつせんか》をまじえることはなかったが、世界各地《せかいかくち》でアメリカとソ連《れん》の代理戦争《だいりせんそう》が起《お》こった。

◆**レーガン**……………………21・32
１９１１～２００４年《ねん》。アメリカの政治《せいじ》家《か》、第《だい》40代大統領《だいだいとうりょう》。アメリカの軍備《ぐんび》を拡《かく》大《だい》しソ連《れん》との対決姿勢《たいけつしせい》を示《しめ》した。レーガノミクスとよばれる経済再建策《けいざいさいけんさく》をとったが、結果的《けっかてき》には「双子《ふたご》の赤字《あかじ》」とよばれる赤字《あかじ》が拡大《かくだい》した。

◆**ワルシャワ条約機構《じょうやくきこう》（WTO《ダブリューティーオー》）**…13・17
１９５５年《ねん》に、ソ連《れん》を中心《ちゅうしん》とした８か国《こく》が北大西洋条約機構《きたたいせいようじょうやくきこう》（NATO《ナトー》）に対抗《たいこう》するために結成《けっせい》した軍事機構《ぐんじきこう》。１９９１年《ねん》に解消《かいしょう》された。

そのとき世界《せかい》は

1987年《ねん》	この年《とし》、イスラエルで、パレスチナ住民《じゅうみん》による「インティファーダ」はじまる。10月《がつ》、アメリカのニューヨーク株式市場《かぶしきしじょう》で、ブラック・マンデーとよばれる株価《かぶか》の大暴落《だいぼうらく》が起《お》こる。12月《がつ》、アメリカのレーガン大統領《だいとうりょう》とソ連《れん》のゴルバチョフ書記長《しょきちょう》により中距離核兵器《ちゅうきょりかくへいき》（INF《アイエヌエフ》）全廃条約《ぜんぱいじょうやく》が調印《ちょういん》される
1988年《ねん》	5月《がつ》、ソ連軍《れんぐん》がアフガニスタンから撤退《てったい》を開始《かいし》。8月《がつ》、イラン・イラク戦争《せんそう》が停戦《ていせん》
1989年《ねん》	2月《がつ》から4月《がつ》にかけて、ポーランドでワレサの率《ひき》いる「連帯《れんたい》」と政府《せいふ》による「円卓会議《えんたくかいぎ》」が開《ひら》かれる。6月《がつ》、ポーランドではじめての自由選挙《じゆうせんきょ》がおこなわれ、ワレサ率《ひき》いる「連帯《れんたい》」が圧勝《あっしょう》。中国《ちゅうごく》で、民主化《みんしゅか》をもとめ天安門広場《てんあんもんひろば》に集《あつ》まった学生《がくせい》に中国人民解放軍《ちゅうごくじんみんかいほうぐん》が無差別射撃《むさべつしゃげき》。第二次天安門事件《だいにじてんあんもんじけん》が起《お》こる。10月《がつ》、ハンガリーが国名《こくめい》を「ハンガリー人民共和国《じんみんきょうわこく》」から「ハンガリー共和国《きょうわこく》」に変更《へんこう》する。11月《がつ》、東《ひがし》ドイツ政府《せいふ》が旅行《りょこう》の自由化《じゆうか》を発表《はっぴょう》。これをきっかけにベルリンの壁《かべ》が崩壊《ほうかい》する。チェコスロバキアで共産党《きょうさんとう》の一党支配《いっとうしはい》が終《お》わり、非共産党《ひきょうさんとう》のハベル大統領《だいとうりょう》が就任《しゅうにん》。「ビロード革命《かくめい》」とよばれる。国連総会《こくれんそうかい》で「子《こ》どもの権利条約《けんりじょうやく》」が採択《さいたく》される。12月《がつ》、アメリカのブッシュ大統領《だいとうりょう》とソ連《れん》のゴルバチョフ書記長《しょきちょう》が地中海《ちちゅうかい》のマルタ島《とう》で会談《かいだん》。冷戦《れいせん》の終結《しゅうけつ》を宣言《せんげん》する。ルーマニアで独裁《どくさい》をおこなっていたチャウシェスク大統領《だいとうりょう》が打倒《だとう》され、共産党《きょうさんとう》による一党独裁体制《いっとうどくさいたいせい》がくずれる。国名《こくめい》は「ルーマニア社会主義共和国《しゃかいしゅぎきょうわこく》」から「ルーマニア」に変更《へんこう》される（ルーマニア革命《かくめい》）。ポーランドが国名《こくめい》を「ポーランド人民共和国《じんみんきょうわこく》」から「ポーランド共和国《きょうわこく》」に変更《へんこう》する
1990年《ねん》	6月《がつ》、ブルガリアで自由選挙《じゆうせんきょ》がおこなわれる。8月《がつ》、イラクがクウェートに侵攻《しんこう》。これに対《たい》し国連《こくれん》は国連安全保障理事会《こくれんあんぜんほしょうりじかい》を開《ひら》き、イラク軍《ぐん》の無条件撤退《むじょうけんてったい》を要求《ようきゅう》する決議《けつぎ》を採択《さいたく》する。10月《がつ》、東西《とうざい》ドイツ統一条約《とういつじょうやく》（8月《がつ》に調印《ちょういん》）により、東西《とうざい》ドイツが正式《せいしき》に統一《とういつ》される。11月《がつ》、ブルガリアが国名《こくめい》を「ブルガリア人民共和国《じんみんきょうわこく》」から「ブルガリア共和国《きょうわこく》」にあらためる。12月《がつ》、ポーランドでワレサが初代大統領《しょだいだいとうりょう》に就任《しゅうにん》する
1991年《ねん》	1月《がつ》、アメリカを中心《ちゅうしん》とした多国籍軍《たこくせきぐん》がイラクを空爆《くうばく》。湾岸戦争《わんがんせんそう》がはじまる（4月《がつ》に終結《しゅうけつ》）。7月《がつ》、ワルシャワ条約機構《じょうやくきこう》（WTO《ダブリューティーオー》）が解体《かいたい》する。アメリカのブッシュ大統領《だいとうりょう》とソ連《れん》のゴルバチョフ書記長《しょきちょう》が「第一次戦略兵器削減条約《だいいちじせんりゃくへいきさくげんじょうやく》」（START Ⅰ《スタートワン》）に調印《ちょういん》する。12月《がつ》、ソ連《れん》のゴルバチョフ大統領《だいとうりょう》が辞任《じにん》。ソ連《れん》が解体《かいたい》し、独立国家共同体《どくりつこっかきょうどうたい》（CIS《シーアイエス》）が発足《ほっそく》する
1992年《ねん》	6月《がつ》、ブラジルのリオデジャネイロで地球《ちきゅう》サミット（国連環境開発会議《こくれんかんきょうかいはつかいぎ》）が開《ひら》かれ、「アジェンダ21」などが採択《さいたく》される
1993年《ねん》	1月《がつ》、アメリカのブッシュ大統領《だいとうりょう》とロシアのエリツィン大統領《だいとうりょう》が「第二次戦略兵器削減条約《だいにじせんりゃくへいきさくげんじょうやく》」（START Ⅱ《スタートツー》）に調印《ちょういん》する。9月《がつ》、パレスチナとイスラエルの対立《たいりつ》について、ノルウェーのオスロでおこなわれた交渉《こうしょう》が実《み》を結《むす》び、アメリカのホワイトハウスでオスロ合意《ごうい》が成立《せいりつ》。11月《がつ》、ヨーロッパでEU《イーユー》が発足《ほっそく》する
1994年《ねん》	5月《がつ》、南《みなみ》アフリカでマンデラが大統領《だいとうりょう》に当選《とうせん》。12月《がつ》、ロシア軍《ぐん》がチェチェン共和国《きょうわこく》に軍事介入《ぐんじかいにゅう》し、1996年《ねん》まで続《つづ》く第一次《だいいちじ》チェチェン紛争《ふんそう》が起《お》こる
1995年《ねん》	8月《がつ》、NATO《ナトー》軍《ぐん》がセルビア人武装勢力《じんぶそうせいりょく》を空爆《くうばく》
1996年《ねん》	1月《がつ》、パレスチナの大統領《だいとうりょう》にアラファトが就任《しゅうにん》する

そのとき日本《にほん》は

1987年《ねん》 11月《がつ》、竹下登《たけしたのぼる》が内閣総理大臣《ないかくそうりだいじん》に就任《しゅうにん》

1988年《ねん》 6月《がつ》、リクルート事件《じけん》が発覚《はっかく》。竹下登内閣《たけしたのぼるないかく》の支持率《しじりつ》が急落《きゅうらく》する。12月《がつ》、竹下登内閣《たけしたのぼるないかく》が国会《こっかい》に提出《ていしゅつ》した消費税《しょうひぜい》法案《ほうあん》が成立《せいりつ》する

1989年《ねん》 1月《がつ》、昭和天皇《しょうわてんのう》がご逝去《せいきょ》。明仁皇太子《あきひとこうたいし》が皇位《こうい》を継承《けいしょう》し、天皇《てんのう》に即位《そくい》する。ご逝去《せいきょ》の翌日《よくじつ》、「昭和《しょうわ》」から「平成《へいせい》」へと元号《げんごう》があらためられる。3月《がつ》、学習指導要領《がくしゅうしどうようりょう》が改訂《かいてい》され、小学校《しょうがっこう》1年生《ねんせい》、2年生《ねんせい》の教科《きょうか》に「生活科《せいかつか》」の新設《しんせつ》が決《き》まる（1992年《ねん》から実施《じっし》）。4月《がつ》、3%の消費税《しょうひぜい》が導入《どうにゅう》される。6月《がつ》、宇野宗佑《うのそうすけ》が内閣総理大臣《ないかくそうりだいじん》に就任《しゅうにん》。7月《がつ》、第《だい》15回参議院議員通常選挙《かいさんぎいんぎいんつうじょうせんきょ》で自民党《じみんとう》が大敗《たいはい》、社会党《しゃかいとう》が躍進《やくしん》し、参議院《さんぎいん》で与党《よとう》と野党《やとう》の議席数《ぎせきすう》が逆転《ぎゃくてん》する。8月《がつ》、海部俊樹《かいふとしき》が内閣総理大臣《ないかくそうりだいじん》に就任《しゅうにん》。12月《がつ》、日経平均株価《にっけいへいきんかぶか》が史上最高《しじょうさいこう》の3万《まん》8915円台《えんだい》を記録《きろく》する

1990年《ねん》 1月《がつ》、第《だい》1回大学入試《かいだいがくにゅうし》センター試験《しけん》がおこなわれる。3月《がつ》、日本政府《にほんせいふ》が銀行《ぎんこう》に対《たい》して「総量規制《そうりょうきせい》」（不動産業者《ふどうさんぎょうしゃ》への資金貸《しきんか》しだしの制限《せいげん》）を打《う》ちだす。11月《がつ》、長崎県《ながさきけん》の雲仙普賢岳《うんぜんふげんだけ》が約《やく》200年《ねん》ぶりに噴火《ふんか》。このあと5年間《ねんかん》にわたり噴火《ふんか》が続《つづ》く。12月《がつ》、ジャーナリストの秋山豊寛《あきやまとよひろ》さんが日本人《にほんじん》ではじめて宇宙《うちゅう》にいく

1991年《ねん》 1月《がつ》、湾岸戦争《わんがんせんそう》が起《お》こり、日本《にほん》は多国籍軍《たこくせきぐん》に130億《おく》ドルの支援金《しえんきん》を拠出《きょしゅつ》。2月《がつ》、福井県《ふくいけん》の関西電力美浜原発《かんさいでんりょくみはまげんぱつ》で原子炉自動停止事故《げんしろじどうていしじこ》が発生《はっせい》。この年《とし》の2月《がつ》を景気《けいき》の山《やま》とし、これをさかいにバブルが終《お》わりをむかえていく。6月《がつ》、雲仙普賢岳《うんぜんふげんだけ》で大規模《だいきぼ》な火砕流《かさいりゅう》が発生《はっせい》する。11月《がつ》、宮澤喜一《みやざわきいち》が内閣総理大臣《ないかくそうりだいじん》に就任《しゅうにん》

1992年《ねん》 6月《がつ》、PKO協力法《ピーケイオーきょうりょくほう》が成立《せいりつ》する。9月《がつ》、毛利衛《もうりまもる》さんが日本人初《にほんじんはつ》の宇宙飛行士《うちゅうひこうし》として宇宙《うちゅう》へいく

1993年《ねん》 7月《がつ》、第《だい》40回衆議院議員総選挙《かいしゅうぎいんぎいんそうせんきょ》で自民党《じみんとう》、社会党《しゃかいとう》が敗北《はいぼく》。新生党《しんせいとう》、新党《しんとう》さきがけ、日本新党《にほんしんとう》が躍進《やくしん》する。8月《がつ》、細川護熙《ほそかわもりひろ》が内閣総理大臣《ないかくそうりだいじん》に就任《しゅうにん》し、1955年《ねん》から続《つづ》いた55年体制《ねんたいせい》が終《お》わりをむかえる。11月《がつ》、「公害対策《こうがいたいさく》基本法《きほんほう》」が廃止《はいし》され、あらたに「環境基本法《かんきょうきほんほう》」が制定《せいてい》される。12月《がつ》、日本《にほん》の世界遺産《せかいいさん》がはじめて登録《とうろく》される

1994年《ねん》 4月《がつ》、日本政府《にほんせいふ》が子《こ》どもの権利条約《けんりじょうやく》を批准《ひじゅん》する。羽田孜《はたつとむ》が内閣総理大臣《ないかくそうりだいじん》に就任《しゅうにん》。6月《がつ》、村山富市《むらやまとみいち》が内閣総理大臣《ないかくそうりだいじん》に就任《しゅうにん》。1947年《ねん》の片山哲《かたやまてつ》以来《いらい》の、社会党出身《しゃかいとうしゅっしん》の内閣総理大臣《ないかくそうりだいじん》となる

1995年《ねん》 1月《がつ》、阪神《はんしん》・淡路大震災《あわじだいしんさい》が発生《はっせい》。3月《がつ》、東京《とうきょう》で地下鉄《ちかてつ》サリン事件《じけん》が発生《はっせい》。12月《がつ》、福井県《ふくいけん》で高速増殖炉《こうそくぞうしょくろ》「もんじゅ」のナトリウムもれ事故《じこ》が起《お》こる

1996年《ねん》 1月《がつ》、橋本龍太郎《はしもとりゅうたろう》が内閣総理大臣《ないかくそうりだいじん》に就任《しゅうにん》。自民党政権《じみんとうせいけん》が復活《ふっかつ》する。9月《がつ》、第一次民主党《だいいちじみんしゅとう》が結成《けっせい》される。12月《がつ》、日本原子力発電敦賀原発《にほんげんしりょくはつでんつるがげんぱつ》で冷却水《れいきゃくすい》もれ事故《じこ》が起《お》こる

1997年《ねん》 3月《がつ》、茨城県東海村《いばらきけんとうかいむら》の核燃料施設《かくねんりょうしせつ》で原子力事故《げんしりょくじこ》が起《お》こる。4月《がつ》、消費税《しょうひぜい》５％へのひきあげが実施《じっし》される。11月《がつ》、三洋証券《さんようしょうけん》、北海道拓殖銀行《ほっかいどうたくしょくぎんこう》、山一證券《やまいちしょうけん》があいついで経営破綻《けいえいはたん》

さくいん

◆あ行《ぎょう》

芥川賞《あくたがわしょう》……40
アジェンダ21……26
アポロ11号《ごう》……20
アメリカ……7・15・16・20・21・25・28・29・32・33・34・36
アラファト……34・35・41
アラブ諸国《しょこく》……25・35・41
イギリス……15・34
いじめ……30
イスラエル……25・34・35
イスラム教《きょう》……35
イラク……24・25・34・35
イラン……24
イラン・イラク戦争《せんそう》……24・41
インティファーダ……34
宇野宗佑《うのそうすけ》……11・41
売上税《うりあげぜい》……10
雲仙普賢岳《うんぜんふげんだけ》……22・23
エストニア……17
NGO《エヌジーオー》……26
エリツィン……7・16・17・32・41
エルサレム……35
円卓会議《えんたくかいぎ》……12
オーストリア……13
大平正芳《おおひらまさよし》……10・41
小沢一郎《おざわいちろう》……37・41
オスロ合意《ごうい》……34・41
尾瀬《おぜ》……27
小渕恵三《おぶちけいぞう》……6・41

◆か行《ぎょう》

カーター……32
戒厳令《かいげんれい》……9
海部俊樹《かいふとしき》……11・37・41
ガガーリン……20
核兵器《かくへいき》……17・32・33・34
火砕流《かさいりゅう》……23
ガザ地区《ちく》……34・35
片山哲《かたやまてつ》……37
活火山《かっかざん》……23
株価《かぶか》……28・29
カフカス地方《ちほう》……17
環境基本法《かんきょうきほんほう》……27
気候変動枠組条約《きこうへんどうわくぐみじょうやく》……26
キリスト教《きょう》……35
金利《きんり》……28・29
クウェート……24・25
クウェート侵攻《しんこう》……24・25
「クレヨンしんちゃん」……30
原子力商船《げんしりょくしょうせん》……33
原子力発電所《げんしりょくはつでんしょ》(原発《げんぱつ》)……33
公害《こうがい》……27
公害対策基本法《こうがいたいさくきほんほう》……27
公定歩合《こうていぶあい》……28
高度経済成長《こうどけいざいせいちょう》……33
公明党《こうめいとう》……37
国際宇宙《こくさいうちゅう》ステーション(ISS《アイエスエス》)……21
国際連合《こくさいれんごう》(国連《こくれん》)……25・31・35・41
国連《こくれん》⇒国際連合《こくさいれんごう》
国連安全保障理事会《こくれんあんぜんほしょうりじかい》……17・25・41
国連総会《こくれんそうかい》……30・31
国連人間環境会議《こくれんにんげんかんきょうかいぎ》……26・27
55年体制《ねんたいせい》……36・37・41
子《こ》どもの権利条約《けんりじょうやく》……30・31
ゴラン高原《こうげん》……35
ゴルバチョフ……7・9・12・15・16・17・18・32・41
コンビニ……30

◆さ行《ぎょう》

砂漠化《さばくか》……26
自然環境保全法《しぜんかんきょうほぜんほう》……27
児童《じどう》の権利《けんり》に関《かん》するジュネーブ宣言《せんげん》……31
資本主義《しほんしゅぎ》……17
自民党《じみんとう》……11・36・37・42
社会主義《しゃかいしゅぎ》……13・16・17・36
社会党《しゃかいとう》……11・36・37・42
社会保障《しゃかいほしょう》……10
社会民主連合《しゃかいみんしゅれんごう》……37
住専《じゅうせん》……29
自由選挙《じゆうせんきょ》……7・12・14
常任理事国《じょうにんりじこく》……17
消費税《しょうひぜい》……10・11
新生党《しんせいとう》……37
新党《しんとう》さきがけ……37
新党《しんとう》ブーム……37
森林原則声明《しんりんげんそくせいめい》……26
スウェーデン……26
スターリン……18・42
生活科《せいかつか》……30
政教分離《せいきょうぶんり》……6
生物多様性条約《せいぶつたようせいじょうやく》……26
世界遺産《せかいいさん》……38
戦略核兵器《せんりゃくかくへいき》……32
総量規制《そうりょうきせい》……29
ソ連《れん》……7・9・12・13・15・16・17・18・19・20・21・25・32・33・34・36
ソ連共産党《れんきょうさんとう》……7・16・17・18

◆た行《ぎょう》

第一次世界大戦《だいいちじせかいたいせん》……18・31
第一次戦略兵器削減条約《だいいちじせんりゃくへいきさくげんじょうやく》(START《スタート》I《ワン》)……32
第一次戦略兵器制限交渉《だいいちじせんりゃくへいきせいげんこうしょう》(SALT《ソルト》I《ワン》)……32
第一次《だいいちじ》チェチェン紛争《ふんそう》……17
第一次天安門事件《だいいちじてんあんもんじけん》……8
大学入試《だいがくにゅうし》センター試験《しけん》……30
第五福竜丸《だいごふくりゅうまる》……33
第二次世界大戦《だいにじせかいたいせん》……7・19・31・42
第二次戦略兵器削減条約《だいにじせんりゃくへいきさくげんじょうやく》(START《スタート》II《ツー》)……32

第二次戦略兵器制限交渉《だいにじせんりゃくへいきせいげんこうしょう》(SALTⅡ《ソルトツー》)……32
竹下登《たけしたのぼる》……10・11・42
多国籍軍《たこくせきぐん》……25
弾道弾迎撃《だんどうだんげいげき》ミサイル制限条約《せいげんじょうやく》(A《エイ》BM《ビーエム》制限条約《せいげんじょうやく》)……32
チェコスロバキア……13・14
チェチェン……17・18
地価《ちか》……28
地球温暖化《ちきゅうおんだんか》……26・27
地球《ちきゅう》サミット……26・27
「ちびまる子《こ》ちゃん」……30
チャウシェスク……13
趙紫陽《チャオズーヤン》……8・9
中華人民共和国《ちゅうかじんみんきょうわこく》……8
中距離核兵器《ちゅうきょりかくへいき》(INF《アイエヌエフ》)全廃条約《ぜんぱいじょうやく》……32
中国《ちゅうごく》……6・7・8・9
中国共産党《ちゅうごくきょうさんとう》……7・8・9
中国人民解放軍《ちゅうごくじんみんかいほうぐん》……7・9
中東《ちゅうとう》……34
中東戦争《ちゅうとうせんそう》……35
周恩来《チョウエンライ》……8・42
天安門事件《てんあんもんじけん》……6・7・8・9
土井《どい》たか子《こ》……11
東京佐川急便事件《とうきょうさがわきゅうびんじけん》……37
鄧小平《トウンシャオピン》……8・9・42
独立国家共同体《どくりつこっかきょうどうたい》(CIS《シーアイエス》)……7・17

◆な行《ぎょう》
直木賞《なおきしょう》……40
中曽根康弘《なかそねやすひろ》……10・42
ニクソン……32
西《にし》ドイツ……13・15・28・29
日本共産党《にほんきょうさんとう》……36
日本新党《にほんしんとう》……37
日本《にほん》レコード大賞《たいしょう》……40
ニンテンドー・ウォー……25
農業集団化《のうぎょうしゅうだんか》……18
ノルウェー……34

◆は行《ぎょう》
橋本龍太郎《はしもとりゅうたろう》……37・42
羽田孜《はたつとむ》……37・42
バブル……24・28・29・30・42
パレスチナ……34・35
パレスチナ解放機構《かいほうきこう》(PLO《ピーエルオー》)……35
パレスチナ自治評議会《じちひょうぎかい》……34
ハンガリー……13・14
ハンガリー動乱《どうらん》……13
PKO協力法《ピーケイオーきょうりょくほう》……25
東《ひがし》ドイツ……7・13・14・15
東《ひがし》ヨーロッパ……6・7・12・13・14・15・17
ビロード革命《かくめい》……13
プーチン……17・42
胡耀邦《フーヤオバン》……8・9
フセイン……24・42
ブッシュ……7・15・32・42
ブラジル……26
ブラック・マンデー……28
プラハの春《はる》……13
不良債権《ふりょうさいけん》……24・29・30
ブルガリア……13
フルシチョフ……18・43
ブレジネフ……32
文化大革命《ぶんかだいかくめい》……8・43
北京《ペキン》の春《はる》……8
ベルリンの壁《かべ》……6・7・14・15・43
ペレストロイカ……12・43
ポーランド……7・12・13
細川護熙《ほそかわもりひろ》……37・43

◆ま行《ぎょう》
毛沢東《マオツォトン》……8
マドンナ旋風《せんぷう》……11
マルタ会談《かいだん》……15・16
ミサイル……25・32
宮澤喜一《みやざわきいち》……37・43
民社党《みんしゃとう》……37
民主化《みんしゅか》……7・8・9・12・13・16・43
むつ……33
村山富市《むらやまとみいち》……37・43
メドベージェフ……17・43
もんじゅ……33

◆や行《ぎょう》
山一證券《やまいちしょうけん》……29
ユダヤ教《きょう》……35
ユネスコ総会《そうかい》……38
溶岩《ようがん》ドーム……23
ヨーロッパ・ピクニック……13
四人組《よにんぐみ》……8
ヨルダン川西岸地区《がわせいがんちく》……34・35

◆ら行《ぎょう》
ラトビア……17
劉暁波《リウシアオボー》……9
リオデジャネイロ宣言《せんげん》……26
リクルート事件《じけん》……11・37・43
リトアニア……17
流行語大賞《りゅうこうごたいしょう》……40
ルーマニア……13
冷戦《れいせん》……6・7・15・16・17・20・21・24・25・32・33・36・43
レーガン……21・32・43
レーニン……17・18
連合《れんごう》の会《かい》……11
連帯《れんたい》……7・12
労働組合《ろうどうくみあい》……36
ロシア……7・17・18・21・32
ロシア共和国《きょうわこく》……16・17

◆わ行《ぎょう》
ワルシャワ条約機構《じょうやくきこう》(WTO《ダブリューティーオー》)……13・17・43
ワレサ……7・12
湾岸戦争《わんがんせんそう》……25

■監修・著

池上 彰（いけがみ あきら）

1950年、長野県松本市生まれ。慶應義塾大学卒業後、1973年、NHKに記者として入局。1994年から「週刊こどもニュース」キャスター。2005年3月NHK退社後、ジャーナリストとして活躍。2012年より東京工業大学教授。著書に『ニュースの現場で考える』（岩崎書店）、『そうだったのか！　現代史』（集英社）、『伝える力』（PHP研究所）ほか多数。

■絵

上田 トシコ（うえだ としこ）（P19）

荒賀 賢二（あらが けんじ）（P20）

■編集協力

津久井 恵

■企画・編集

こどもくらぶ（稲葉茂勝、齊藤由佳子）

「こどもくらぶ」は、あそび・教育・福祉分野で、子どもに関する書籍を企画・編集しているエヌ・アンド・エス企画編集室の愛称。図書館用書籍として、毎年10～20シリーズを企画・編集・DTP制作している。これまでの作品は1000タイトルを超す。

■装丁　長江 知子

■本文デザイン　信太 知美

■DTP制作　㈱エヌ・アンド・エス企画

■表紙写真・絵（左上から時計回り）

島原市、AP/アフロ、

AP/アフロ、フォトライブラリー、

荒賀賢二

■主な参考図書

『そうだったのか！　日本現代史』著／池上彰 集英社 2008年

『そうだったのか！　現代史』著／池上彰 集英社 2007年

『そうだったのか！　現代史　パート2』著／池上彰 集英社 2008年

『そうだったのか！　21世紀NEWS』著／池上彰 集英社 2011年

『この日本で生きる君が知っておくべき「戦後史の学び方」池上彰教授の東工大講義　日本篇』著／池上彰 文藝春秋 2013年

『学校では教えない「社会人のための現代史」池上彰教授の東工大講義　国際篇』著／池上彰 文藝春秋 2013年

『池上彰のやさしい経済学　2　ニュースがわかる』著／池上彰 日本経済新聞出版社 2012年

『池上彰のやさしい教養講座』著／池上彰 日本経済新聞出版社 2014年

『岩波日本史辞典』監修／永原慶二 岩波書店 1999年

『数字でみる日本の100年　改訂第6版』矢野恒太記念会 2013年

『近代日本総合年表　第三版』岩波書店 1991年

『増補版　昭和・平成現代史年表』編／神田文人、小林英夫 小学館 2009年

『暮らしの年表／流行語　100年』講談社 2011年

『近代子ども史年表　1926～2000　昭和・平成編』編／下川耿史 河出書房新社 2002年

『戦後政治史　第三版』著／石川真澄、山口二郎 岩波書店 2010年

『東欧の歴史』著／アンリ・ボグダン 訳／高井道夫 中央公論社 1993年

『東欧を知る事典』監修／伊東孝之 ほか 平凡社 1993年

『自民党と戦後史』著／小林英夫 KADOKAWA 2014年

『日本の世界遺産 ビジュアル版 オールガイド』著／カルチャーランド メイツ出版 2013年

現代用語の基礎知識 選「ユーキャン新語・流行語大賞」

池上彰の現代史授業　21世紀を生きる若い人たちへ

平成編① 昭和から平成へ　東西冷戦の終結

2015年1月30日　初版第1刷発行　〈検印省略〉

定価はカバーに
表示しています

監修・著者　池上　彰

発行者　杉田啓三

印刷者　金子眞吾

発行所　株式会社 ミネルヴァ書房

607-8494　京都市山科区日ノ岡堤谷町1

電話 075-581-5191／振替 01020-0-8076

印刷・製本　凸版印刷株式会社

ISBN978-4-623-07167-8

NDC002/48P/27cm

Printed in Japan

21世紀を生きる若い人たちへ

池上彰の現代史授業

池上 彰 監修・著

27cm　48ページ　NDC002

平成編

①昭和から平成へ
東西冷戦の終結

②20世紀の終わり
EU誕生・日本の新時代

③21世紀はじめの十年
9・11と世界の危機

④平成二十年代
世界と日本の未来へ